ハラスメント

タカラヅカいじめ裁判

―乙女の花園の今―

山下教介［著］

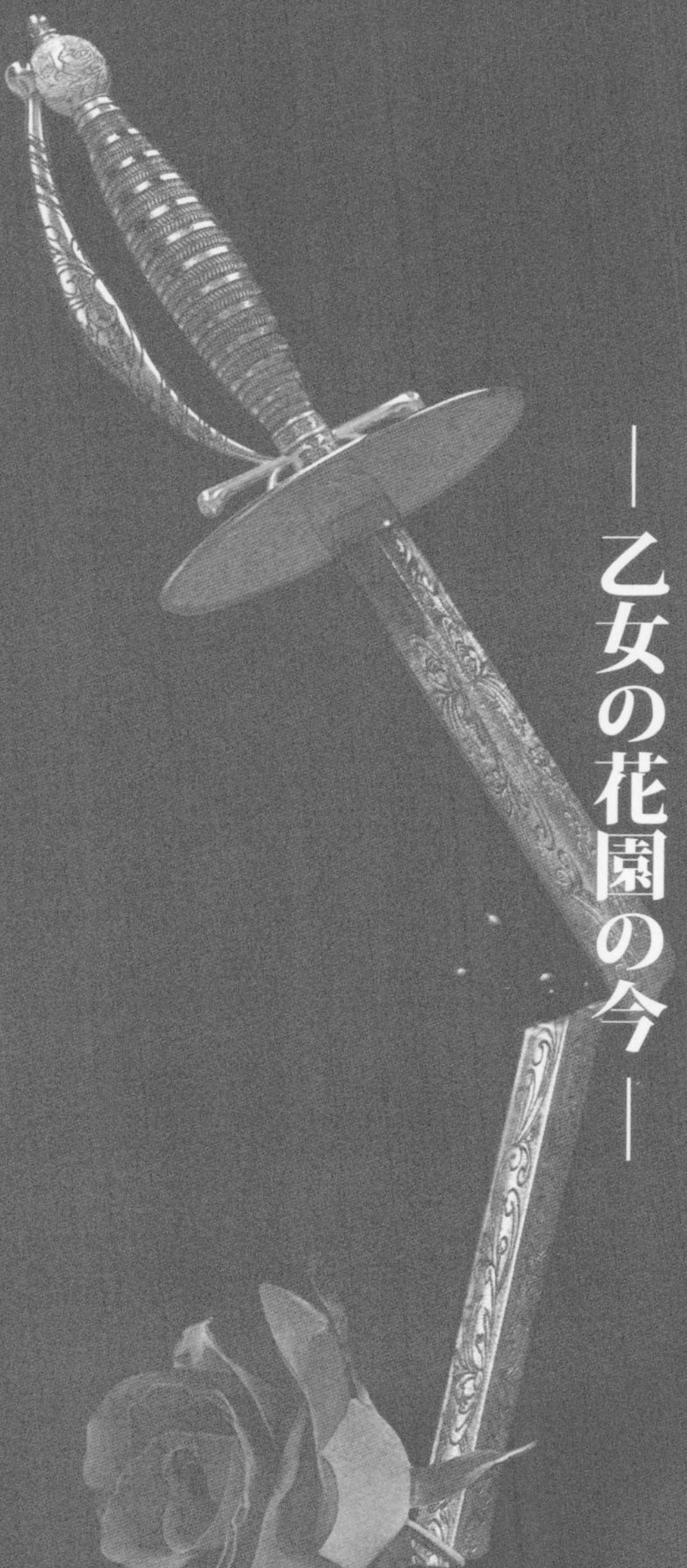

鹿砦社

［復刻新版］

ドキュメント　タカラヅカいじめ裁判

タカラヅカからイジメを根絶しよう!

――『ドキュメント　タカラヅカいじめ裁判』を復刻出版するにあたって

以前からささやかれていた、タカラヅカ（音楽学校、歌劇団）内部でのイジメが原因とされ、現役の劇団員が飛び降り自殺するという、タカラヅカ110年の歴史始って以来初めての悲惨な事件が起きた。イジメによって一人の若い劇団員が自殺するという最悪の事態を、私たちはどう認識し、二度と起きないように、いかになすべきなのか――今こそ、こと一劇団の問題にとどまらず社会全体として真剣に考えなければならない。

2023年9月30日、宙組娘役・有愛《ありあ》きい（25）が自宅のあるマンションの18階から飛び降り自殺した。これに先立って『週刊文春』は同年2月、イジメの存在を報じ警鐘を鳴らしていたというのだ。これに歌劇団関係者はどう対応したのか？　わが国を代表する週刊誌が報じたにもかかわらず、手を拱いていたのか？

さらに、5年前にも寮のバルコニーから飛び降り自殺未遂があったというのだ。誰が考えても異常だ。これを異常と感じない者こそ〝異常〟と言わねばならない。

宝塚歌劇団が在る兵庫県宝塚市は、小社が在る西宮市の隣で、この界隈を関西では「阪神間」といい、比較的裕福なイメージがある。この象徴がタカラヅカというわけだが、以前からイジメ、セクハラ、パワハラが非道いといわれてきた。実際に週刊誌の記事になったこともたびたびあったが、一過性のものとして人々の記憶からは消えていった。私たちも、地元のこととあって、ジャニーズ問題ほどではないが、同時期（１９９５年）から折りに触れ出版物で報じてきた。今回復刻出版する本書もその一つである。

このかん13年も前の２０１３年に出版した本書についての問い合わせや注文が少なからず続いた。古い本なので在庫もなく、類書もないし、現在でも通用するテーマと内容だ。今、死者が出るという最悪の事態に対し、地元のことでもあり、かつて訴訟を争った因縁もあることで、検討材料の一つにしていただきたいと考え復刻出版することを決断したわけである。

尊い若い命を奪ったイジメを根絶するための一助となれば、と願う。――

はじめに

女性だけの劇団として誕生した宝塚歌劇団が、３年後の２０１３年にはめでたく１００周年を迎える。

１９１３（大正２）年、阪急電鉄の創業者・小林一三《いちぞう》が「清く　正しく　美しく」をモットーに創設した劇団は、大正・昭和・平成の激動の時代に、多くの人たちに華やかなステージから夢や希望を与えてきた。

兵庫県宝塚市の宝塚大劇場を本拠地とし、東京での活動拠点として東京宝塚劇場を開場し、東西のヅカファンたちを虜にしていった「タカラヅカ」。

戦中、戦後の混乱期には接収や閉鎖の憂き目にあいながらもその都度復活し、日本の苦しかった時代に光を放ち、明日を生き抜くために元気を与え続け魅了してきた。

昔はよかった……

これまでに4000名を超えるスターを輩出してきたのが宝塚歌劇団である。「タカラヅカの至宝」と言われた春日野八千代。現役劇団員としては御歳90歳を超え最年長で舞台生活80年を迎えた大長老ジェンヌ。

タカラヅカ在籍時はもちろん、退団後も日本のシャンソン界を牽引した日本ポピュラー音楽界最大の功労者で、エンターテイナーだった越路吹雪。

「キング・オブ・タカラヅカ」といわれ宝塚黄金時期を支えた「ベルサイユのばら四強」のひとりである鳳蘭。退団後も日本ミュージカルのトップスターに君臨し続けている。

その「ベルばら四強」以降、久々のビッグスターとなった大地真央。大地は入団10年目にしてのトップスター就任で、後に天海祐希が抜くまでの最速記録を誇っていた。26歳でのトップ就任はいまだ破られていない最年少記録である。

そして、登場するのが「平成のトップスター」天海祐希である。入団して7年目でのトップ就任は宝塚史上最速。鳳、大地に続く「タカラヅカ・トップ・オブ・トップ」三人衆のひとり。しかし、この天海以降はこれぞスターと呼べる人材が育っていないのが現状である。

現在も花・月・星・雪・宙の各組にはトップスターがいるのだが、絶対的なスターがいない。この現状ひとつを取るだけでも宝塚歌劇団の栄華も過去のものに…。

複雑な世界。ゆえにスキャンダルも多い

タカラヅカの世界は複雑で、劇団員のスターたちにはマネージャーが付いていない。そこにはファンクラブが存在し、そのクラブ員たちがマネージャー的業務も担当し、スターたちを支える構図となっている。好きなスターを応援するのにファンクラブに所属していなくてもそれはいいのである。個人個人でスターを支えることもひとつの形として存在しているわけだ。しかし、どちらの応援スタイルにしても必要なのは資金である。各個人で調達する者もいれば、タニマチという形でスターを援助していくスタイルもある。劇団員は女性のみ、ファンクラブ員も女性が多くを占める世界で、そこには金やスキャンダル問題が噴出し、タカラヅカの世界から数々の話題を提供してきたものだ。

応援するスターのために会社の金を着服し貢いでいたファン、日本最大の労組・自治労の資金の一部が裏金としてタカラジェンヌに流れていた件……など世間を驚かせた。また、劇団内部では、歌劇団の作曲家が音楽学校生に対して突然襲いかかったセクハラ事件などは記憶に新しい（詳しくは鹿砦社発行の『宝塚観劇ガイドＡｇａｉｎ』をご覧いただきたい）。

ひとつの劇団が100年近くも存続するのであるから幾多のトラブルやスキャンダルに見舞われるのは、当然といえば当然で、なにごともなく「清く　正しく　美しく」のモットー通りに物事が運ぶほうがおかしなわけである。

しかし、今回タカラヅカ領域内にて新たな火種がくすぶり、導火線に火が点き、一気に点火、大爆発が起きた。

宝塚音楽学校の元生徒が訴えたのである。いわれのない理由で退学処分を受けたのは違法だとして、宝塚音楽学校を相手に訴訟を起こしたのだ。まさに前代未聞である……。

17歳の乙女が夢を持ってこの世界に飛び込んできたのだ。同期の中では切磋琢磨し、ひとりでも蹴落として自分が頂上を目指していく世界である。「いじめ」とひとくくりにするのは簡単だが、同期生からだけでなく、音楽学校の職員たちがひとりの少女をここまで貶めるのかと。

スターになるべく要素を持ち合わせたSさん。そのSさんの将来を奪いとった音楽学校の「少女狩り」の悪態を検証していく。

【復刻新版】ドキュメント　タカラヅカいじめ裁判　目次

はじめに　4
01　タカラヅカで前代未聞の訴訟が起こった　11
02　Sさん　13
03　OG園井恵子さんの法要　17
04　寮内で起こった不可思議な事象とその検証　22
05　音楽学校側との面談　33
06　コンビニにて万引との虚偽報告　37
07　防犯ビデオに写っている内容　44
08　そもそも今回の大騒動の始まりは　63
09　宝塚大劇場観劇中のお客さんのサイフが　69

10 宝塚音楽学校 78
11 希望に満ち溢れた楽しいはずの寮生活が 88
12 96期生でSさんと同じく退学処分となった生徒がいた 94
13 ルールを破ってしまったばかりに 108
14 その後も不可思議な事象が起こっていく 113
15 「精神科を受診しろ」と言われ…… 120
16 96期生生徒はいろいろなのがいる 124
17 いじめはヅカの世界では当たり前？ 130
18 そしてやってきた強制執行の朝 134
19 ついに出された退学処分通知書 139
20 Sさんの母親M子さんが行動に出る 144
21 裁判所側の判断理由は 152

22　いよいよ本訴へ　154
23　音楽学校側の言い分　160
24　突然の和解調停　170
25　最後まで学校はおかしかった　175
26　終結　178
おわりに　180
［追記］その後の顚末……　185
宝塚音楽学校いじめ問題と地位確認等請求事件　時系列表　191

01

タカラヅカで前代未聞の訴訟が起こった

平成21年11月2日

宝塚関係者およびタカラジェンヌやヅカファンが一様に驚いた衝撃の問題が発生した。宝塚音楽学校の元生徒が音楽学校を相手に地位確認と損害賠償を求める訴訟を、神戸地方裁判所に起こした。タカラヅカの世界では前代未聞のこととされる。

元生徒のSさんは平成20年に音楽学校入学以来、イジメを受けていて、同年9月にコンビニで万引きをしたとされる虚偽の報告をされ、また、宝塚大劇場で拾った財布を届けずに、9日間放置していたとして同年11月に退学処分を受けた。

Sさんは「万引きはしていない」として仮処分を申し立てた。神戸地裁は平成21年1月に「万引きを裏付ける事実はなく、拾った財布を9日間届けなかったことで退学処分にするのは不当である」として退学を無効とした。しかし、学校側が再び、退学処分を出したためにSさん側が2回目の仮処分を申し立てていた。この2回目の仮処分も認められたが、学校側が退学処分を取り消さなかったため、今回の提訴に踏み切ったもの。

順調にいけば、Sさんは平成22年春に卒業予定だった。生徒である事実（地位確認）と「タカラジェンヌとしての活躍機会が奪われた」と主張し、慰謝料300万円と、ジェンヌとして活躍していれば受けたであろう収入のほんの一部にあたる700万円の計1000万円の損害賠償を求めた。

02

Sさん

今回の音楽学校元生徒が学校側を訴えた前代未聞の件。その原告側になったSさんを紹介してみよう。

Sさんは平成3年4月15日生まれの岩手県出身。現在19歳で、身長は172cmを超えるタカラジェンヌのために生まれ出た容姿そのものである。

6歳の頃から東京都新宿区のNバレエ研究所ですでにバレエを習っていた。

9歳のときに銀行マンである父親の転勤で岩手県盛岡市に転居した。

盛岡市立M中学校ではハンドボール部に所属していたが、習っていたバレエの練習のほうが忙しくなりハンドボールかバレエのどちらを取るかで悩んだ結果、バレエを優先し、バレエレッスンに支障が少ない美術部に転部することになった。

他に「特設陸上部」（体育の授業の一環でクラブ活動ではない）に所属し、走り高跳びの選手として活躍。県大会では上位入賞するなどその実力は抜きん出ていたという。さらに、学級議長や合唱委員長を務めるなどリーダー格的な存在で常にみんなの輪の中心に立っていた生徒であった。

そして岩手県立M高校に進学。同高校は岩手県内では指折りの進学校で、1、2を争う難関校としても有名な高校である。並大抵では入学できない秀才高校だ。

そして、宝塚を目指す

Sさんは宝塚歌劇団との接点を高校1年生のときだと言っている。高校入学直後に歌劇団が大好きな友達から宝塚公演のビデオやDVDを借りてきては自宅で鑑賞し、その華やかな世界に憧れを抱き、あの舞台に立ってみたいと思うようになったという。

盛岡市内のKバレエ教室に入り、両親を説得して週2回のバレエレッスンを毎回3時間受けた。自宅では音大出身の母親に基本的発声やソルフェージュ（楽譜から音とリズムを読み取る練習）を毎日2時間以上教えてもらっていた。さらに、週1回盛岡市在住の声楽家・丸岡千奈美氏に師事。声楽の基礎から学ぶなど「夢のタカラヅカの舞台に立つぞ」という想いは相当なもので、その夢に向かって猛練習を重ねていく。

高校1年の冬休みには東京のＫＩＥミュージックスクールの冬季講習に通うことに。同スクールはこれまで数多くの宝塚音楽学校合格者を輩出してきた名門校で、宝塚に行きたいのならココに行けと言われているほどの有名校。

宝塚受験。そして一発合格

平成20年春、高校1年在学中ながら宝塚音楽学校を受験し、第1次面接試験、第2次の歌唱・舞踏の審査を経て、第3次の面接試験に合格。1回目の挑戦で20倍を超える倍率の超難関を見事に突破し、夢への第一歩を踏み出したのであった。

岩手県からの音楽学校生誕生は平成の時代では初めてということもあり、本人はもちろんのこと、県内、ひいては東北地方にとっても明るいニュースで、それはそれは大盛り上がりだったという。

しかし、この盛り上がった話題が後に、本人はもちろん、タカラヅカファンも驚愕した大騒動に巻き込んでいくことになってしまうのである。

日　報（夕刊）　2008年（平成20年）4月10日（木曜日）

タカラジェンヌへ一歩

盛岡の16歳[redacted]さん

盛岡市松園二丁目の[redacted]さん（16）は、兵庫県宝塚市の宝塚音楽学校（小林公平校長）に合格した。十七日に入学する。全国と海外から八百五十四人が受験し合格者は四十人、東北地方からはただ一人。初めての受験で難関を突破した[redacted]は「ダンスや演劇をしっかりと学んで卒業し、歌劇団で活躍したい」と目を輝かせる。

受験資格は十五―十八歳、容姿端麗で、卒業後、宝塚歌劇団生徒として舞台人に適する者。試験科目は面接、声楽、クラシックバレエ。東京都と兵庫県で三月下旬に行われた。同校によると、平成に入ってから本県出身者の合格は初めてという。

[redacted]さんは「一次試験（声楽など）の合格も難しいと思っていたので信じられなかった」。今春、高校一年生修了時で[redacted]を退学。十七日に入学式を迎え、夢の実現に向けて新たなスタートを切る。

学校は予科と本科の計二年間で、生徒は各種ダンスや日本舞踊、演劇、声楽、茶道、英会話などを学ぶ。

[redacted]さんと宝塚の出会いは、二〇〇七年五月。東京で舞台を鑑賞し、華やかさに感動した。「この舞台に立ちたい」と強く思ったと振り返る。この一年間は友人からビデオやDVDを借りるなどして舞台を学んだ。現在の身長は172センチ、長身を生かして男役での活躍を目指す。

試験科目のバレエは幼少から継続して学んでいたが、声楽の経験はなかった。東京で舞台を見た昨年五月から盛岡市で練習を始め受験に備えた。

入学するために専門スクールに通う受験者も多い中での合格に、母の[redacted]さん（44）は「今でも信じられない。夢をつかむためのチャレンジを応援したい」とエールを送る。

宝塚音楽学校に合格

東北唯一 17日入学　ダンスや演劇学ぶ

17日に宝塚音楽学校に入学する[redacted]さん（左）と母の[redacted]さん　夢への第一歩を踏み出す

『岩手日報』2008年4月10日夕刊に掲載されたSさんの紹介記事

03

ＯＧ園井恵子さんの法要

岩手県盛岡出身の宝塚歌劇団ＯＧの園井恵子さんというタカラジェンヌをご存知だろうか。

大正2年生まれの園井さんは北海道立小樽高等女学校を中退して宝塚歌劇団へ。昭和8年に新設された星組に配属されてからは、いまでいうアイドル的存在の女役として大活躍をした。当時の歌劇団の上層部から「これで我がタカラヅカの将来は安泰だ」と言わしめた娘役だった。

昭和17年に退団。その後は舞台女優として活躍。新劇「苦楽座」旗揚げ公演に参加した。昭和19年、出演した大映映画『無法松の一生』で阪東妻三郎の相手役・吉岡夫人役が大当たりに。その後も苦楽座解散後、移動劇団の一員として各地を巡業していたが、昭和20

年、巡業先の広島にて被爆し、亡くなった。

毎年8月に園井さんを偲ぶ法要が営まれているが、平成20年8月21日、岩手県盛岡市の恩流寺にて執り行われた64回忌に、同郷であるSさんは、園井さんの後援会の幹部から「なんとか出席してもらえないか」と打診を受けた。話を受けたのはSさんの母親のM子さん。お母さんが気軽に受けてしまった法要参加が物議をかもし、後に大騒動へと発展していくことになる。

Sさん、出席

もちろん法要という場なので母親のM子さんは娘のSさんにはきちんと学校の制服を着させて、薄く化粧をさせて出席させた。

当時の64回忌法要には現役音楽学校生として出席したのはSさんただひとり。もちろん、Sさんは園井さん以来、また、岩手からは平成の時代になって初めてのタカラジェンヌ誕生かと大いに期待された新星である。

このときの法要は地元の岩手放送が取材に来ていて撮影をしていた。厳かな雰囲気の中、ひとり長身で容姿端麗、制服姿の現役学生が出席しているとなればカメラマンとしては当然Sさんを抜く（アップで撮影）のは当たり前。そこでインタビューを受けて「同郷の後輩をお守りください」と真摯に答えてしまった。その様子を当日のニュース番組で放送したのだ。と、ここまではなんら問題など起こるようなことでもなかった。

しかし……。

違反が重なった

ところが出席したSさんは、音楽学校生として重大なミスを犯していたのであった。

①学校側に無許可で取材を受けた

②予科生は化粧は禁止なのに、当日は薄化粧で出席した

③男役は髪型をソフトリーゼントにすることになっていたが、法要という席でビシッと頭髪を決めなくてもいいと（お母さんのM子さんが）判断した

④校章を規定の位置（夏服のジャンパースカートの胸のヨーク左上に）に付けていなかった

の校則違反を犯していたのだ。

このニュースはネットでも配信され、それをSさんの同期生の親戚が偶然にも見ていて、それを生徒に通告し、その生徒が学校側に通報したものだから、同期生の間だけでなく、学校側も大騒ぎとなっていった。

たしかに、無断でと言われればそれまでだが、法要に参加したことは音楽学校側にとってはすごく名誉なことで、なにかを侵害するような問題行動は一切なかったのだ。

Sさんは学校に無断で取材を受けたことを素直に反省し、音楽学校長宛に反省文を提出したのである。

宝塚音楽学校校長　小林公平先生

以下の件で校則を違反し深く反省しています。

テレビ取材、新聞取材の許可を得なかったこと

制服着用の際、腕時計を着用せず、校章の位置を付け間違え、髪型をリーゼントにせず化粧をしたこと

（中略）

学校の伝統を汚し、同期のかたがたに多大なご迷惑をおかけしたことを深く深く反省しています。本当に申し訳ありませんでした。

（中略）

もう一度校則を胸に刻み、宝塚音楽学校の伝統を汚すことのないよう、今後は十分な注意を払って生活をしてまいる所存です。どうか学校に留めていただきたくお願い申し

上げます。

平成21年8月27日

S

といった内容である。

それもパソコンで打ったのではなく、直筆で丁寧に書かれた文章である。

最後には「どうか学校に留めていただきたくお願い申し上げます」と締めている。

当時、まだSさんは18歳になったばかりである。申し訳ない気持ちとお詫びの気持ちが切々と綴られているではないか。

小林校長（当時）はこの反省文をどのような気持ちで受け取っていたのか……。

同後援会にとったら法要の席ではあるが、Sさんの出席でなにかと華を添えられると思ったのであろう。しかし、音楽学校側にはなんの通達もなく、学校の規則に触れないかどうかも考えずに出席の打診をしたものだから、ここでSさんだけを責めるのもどうかとも思われるのだが……。

04

寮内で起こった不可思議な事象とその検証

96期生が宝塚音楽学校に入学した直後から、すでにすみれ寮内で数々の不可思議なことが頻繁に起こっていた。それらを列記してみると……。

平成20年4月下旬

『生徒の持ち物や現金などが盗難にあう』

音楽学校に入学して間もない頃に行われる新入生ガイダンス（入学後、学校生活や音楽学校の生徒としての心構えなどを学ぶ）の期間中からすでに盗難事件が発生している。ボイスレコーダー、デジカメ、夏用ブラウス、はかま下黒帯、食券、時計のほか現金も10万円を越える。被害を受けた生徒は17名にものぼり、5月28日に被害届が出された。

5月3日

『Sさんの洗濯物の一部が本科生の洗濯機の中に入っていた』

すみれ寮内で、洗濯機を使用するに際してのルールというものが、本科生から予科生に受け継がれているという。

○洗濯物を洗濯機に入れたらホワイトボードに自分の名前を記す

○脱水の終わった洗濯物を自室に持ち帰ったらその旨をメーリングリストに書き込み回す

などなど……

他にも事細かに規則事があると思われるが、これらのことをせずに洗濯をしてしまったら、誰のものかわからなくなり、洗濯物が行方不明になるということだ。団体生活をする上では必須のことなのであろう。

Sさんは洗濯機使用の際に名前の記入や、洗濯が終わったあとのメーリングリストでの通知などを忘れるなど数々の違反をしたことを認めている。だからといって、ルールを守っていなかったからとして、いきなりSさんの洗濯物を絶対に使ってはいけない本科生の洗濯機の中に、他の予科生が入れてしまうこの行動はいかがなものか。さらにそれ以外の

数々の盗難事件が報告されたすみれ寮

Sさんの洗濯物はなんとゴミ箱の中に入っていた。

あまりにも稚拙な行動ではなかろうか。

結局、Sさんはこのルール違反を犯したことにより、洗濯機の使用は禁止となってしまった。

寮委員のM口、委員のY田は、

「予科生全員で決めたこと。話し合いで決めました。洗濯をしたければ民営のコインランドリーを使えばいい」

と証言した。

日曜日の洗濯機使用は認められて許されはしたが、結局平日は手で洗濯をしなければならず、毎朝、みんなよりも1時間早い5時に起きなければいけなくなった。コインランドリーの使用をすればいいと言われたものの、近くには存在していないために、通うだけで時間が非常にもったいない。

たった1回でも、1度のあやまちでもダメなものはダメ。守らなければいけない。Sさんも素直に自分の非を認めて、洗濯機使用禁止を受け入れた。

この洗濯機使用の際の騒動の中で、Sさんの洗濯物がゴミ箱に入れられていたことがあったが、洗濯機使用の禁止などがあった以前に、今回のことを予期するようなことが起きていた。

Sさんの同期生が自分のブログに「私たち96期生の中でSさんが一番きれいだ」と書き込んだという。それから起こった洗濯機騒動……。実際に裁判での証言などには出てこなかったことではあるが、女だけの世界だけに、あながちない話でもなさそうなのだが……。

5月28日

『現金1万2千円がなくなった』

A本が所持していた現金がなくなっているのがわかり、学校に被害届を提出。

A本、

「最初は誰がお金を盗ったのかわからなかった。もちろんSさんが盗んだとは思わなかった。6月15日のドライヤーの件（左記）があって、現金もSが盗ったんじゃ？ と同期生が話しているのを聞くも、事実がわからなかったのでSさんのことは疑わなかった」

6月15日

『R丸のドライヤーがなくなった』

R丸が使っていたくるくるドライヤーが突如なくなってしまったという。R丸はすぐさま同期生全員のメーリングリストに「ドライヤーがなくなった」と流した。当然Sさんにもなくなったことを知らせている。Sさんは当初、一生懸命にR丸のドライヤーを一緒に探していた（これはR丸本人が証言している）。

そのなくなったR丸のドライヤーとまったく同じものがSさんの部屋で発見されたのである。R丸はそのドライヤーの入っていた箱と保証書を保管していたので、Sさんの部屋から見つかったドライヤーの型番と製造番号を確認したところピタリと一致したため、「まちがいなくこれは私のもの」と確信した。そこでSさんに「このドライヤーは私のものでは？」と聞いたところ、Sさんは「自分のもの」「お母さんから送ってもらった」「自分で買った」などと曖昧な返事しかしなかったという。さらに問い詰めると最終的にSさんは「自分のものではない」と認めたということだ。

だが、裁判でのSさんの陳述では「確かに自分の部屋には鏡台のそばのコンセントにコードがつなぎっ放しのドライヤーがありました」と語っている。それはその頃（6月頃）には自分の部屋にたくさんの同期生が泊まりに来ていたので、「そのうちの誰かがお泊り道具としてドライヤーも持参してきて使用後、そのままにしておいた」と思ったという。

確かに、誰のものかわからないそのドライヤーを朝、支度をする際に準備に時間がなく仕方なく使ったとも証言している。そして6月15日。自分の部屋にもどると、ベッドの上にそのドライヤーをはじめ、R丸の名前が書かれたボディファンデーション、食券などいろんなものが置かれて、部屋に集まっていた同期生たちから「これらのものはどうした?」と責め立てられた。

しかし、当日15日はそれまでに妙な伏線があった。実はこの日、Sさんは S定とMにDVDの鑑賞を誘われて3人で観ていたという。鑑賞途中、Sさんは自分の部屋にもどろうとするもなぜかふたりに邪魔をされ、もどらせてくれなかった。トイレすらなかなか行けなかったというのだ。そしてなんとか自分の部屋にもどることができたものの、2204号室のSさんのベッドの上にはドライヤーをはじめ、いろんなものが置かれていた……。

委員のY田、

「Sさんの了承のもと、部屋を調べた。その間Sさんは別の部屋で待機させていました。いまから思えばSさんに一緒に立ち会ってもらうべきだった」(証人調書から)

Y田は確かにSさんを別室で待機させていたと語ったが、SさんはDVD鑑賞していた部屋から出させてもらえなかったというのは、いわば軟禁状態であったことだ。これはSさんが完全に仕組まれたと考えてもおかしくはない。Sさんが「自分を陥れるために仕組まれた」と証言しているとおりであろう。

だが、ここでまたSさん側に落ち度があったのも事実。ドライヤーの件のR丸とのやりとりでSさんの証言が二転三転した後に、R丸のドライヤーを使用していたことを認めたこと。「実は使っていたよ」と最初の段階で言っていればよかったものの、みなから責め立てられたというのもあって、かなりの動揺があり、つい言ってしまった。

さらにその先もかわそうとしたために言葉が後手にまわり、結局はうそをつくことになってしまったのである。

そしてさらにここでSさんから衝撃的な発言が発せられたのだ。

「私は中学生の頃から自分でも気づかないうちに他の人のものを使ったりしたことがあって、精神病院で診てもらったことがある。繰り返さないよう私を見張ってほしい」とみんなの前でSさんが願ったというのだ。

このときばかりは他の同期生たちはあまりの発言内容にビックリ仰天。

Y田証言は続く。

「病気じゃないの？　だったら仕方ないよ」

このときは珍しくやさしく声を掛けた。他の同期生からも「ここはみんなでSさんを見守っていこう」という結論になったという。

連日の深夜にまで及ぶ同期生たちの「お話し合い」（その日の反省会と称した〝盗難の犯人〟と決め付けたSさんへのイジメの吊るし上げ）で相当疲れが溜まっている。その上にこれらのやさしい言葉を掛けられてフッと力が抜けたか、Sさんはなんとかこの場を逃れたい一心でつい言ってしまったのである。

言ったのはまぎれもない事実だが、本当のことではない。10代の思春期の少女がこんなに身に覚えのない濡れ衣を着せられ続け、盗人犯扱いされ、仲が良かった友からも疑われ、自分から遠のいていく現実。なんとか逃避したいと思うであろう。

この発言は学校職員にも知られ、後にSさん自身を追い詰めていく結果となってしまった。

9月13日

『予科生共用のヘアスプレーがかばんの中に』

男役の髪型としてリーゼントに仕上げるのに髪の毛を固めるのに使用するヘアスプレー（音楽学校で使用していたのはVO5ヘアスプレー）。共用ということで誰がどのスプレーを使ってもなんら問題はないのである。しかし、この共用のヘアスプレーでさえもSさんが盗んだことになってしまう。

Sさんのかばんの中にヘアスプレーが入っているのを同期生が見つけ、またまた大騒ぎに。

これもとんだとばっちりであった。

Sさんはその日、ヘアスプレーを使用していた。このとき、Sさんは名札を付けていないことに気づき、自分のかばんから名札を取ろうとしたときに、ヘアスプレーがなにかの拍子にかばんの中に入ってしまったのだ。入ったというよりも、ヘアスプレーが落ちて、落ちたところにたまたまSさんのかばんがあった……ということだ。

たしかに偶然といえばそれまでのことで、なにも「あ～ 盗んだ」と騒ぎたてるのはいかがなものか。

当然のごとくSさんは弁明をするも受け入れられる余地もない。これまでのデッチ上げられた数々の盗難事件は「すべてSさんの仕業だ。これではっきりしたわ」と同期生から「犯人はあんただ」と決め付けられてしまう。

ここに、同期生たちのSさんに対する感情が、異質なものであったことは間違いなさそうである。

さらに、Sさんがカバンの中に「大量のナイフやライターを所持している」という通報もあったという。もちろんSさんにとっては根も葉もないデマ。もちろんナイフやライターなど持ってはいない。念のために学校職員に自分のカバンの中身を調べてもらったという。しかし、案の定というか、当然のことではあるがナイフ・ライターの類のものはひとつも出てこなかったのだ。

ここまでやられてはお笑いものだ。いや、笑いごとではすまされない。カバンから出てくることはないのにそんなウソの告発が平気で言われてしまう。もし、カバンから絶対に入っていないものが出てくるようであれば、タカラジェンヌなんかやめて、マジシャンに職を変えてみてはどうでしょうか。

05　音楽学校側との面談

ＯＧ園井恵子さんの法要出席、数々の盗難事件、Ｓさんに対するイジメの問題などの件でＳさん側と音楽学校側とで計３回の面談が行われている。

第１回目の面談（平成20年８月29日）

出席者：Ｓさんと母親Ｍ子さん

①ＯＧ園井恵子さん64回忌法要式典に出席

確かに学校側に無届けで無許可のもと、制服姿で出席したことの非は認める。さらにリーゼントにしていなかった、校章を所定の位置に付けていなかったなどの校則違反に対してもこれらの事実を認め、反省文を提出した。

しかし、法要の模様が岩手放送で放映され、さらにネットへのニュース配信された映像を観ても、どれもが音楽学校側の名誉やその他を侵害するような問題点はまったくなかったはずである。

②「盗難事件」の捏造

それまで、寮内で数々の生徒の物品が盗難にあい、そのすべてが娘の仕業であると犯人扱いされた。

③いじめへの対処

犯人扱いされた娘に対する同期生の一部の生徒たちからの執拗ないじめの実態の把握がSさん側から求められた。

第2回目の面談（8月30日）

出席者：同じくSさんと母親M子さん

①いじめの対策

第1回目面談では、いじめの対策まで話が及ばなかった。いじめの実態を把握し、娘に対するいじめをやめさせるよう学校側に求めたが、学校側はいじめの実態を認める意向がなく平行線をたどる。

②さらなるいじめに発展

その後もさらなるいじめがエスカレートしていった。同期生が毎日Sさんを取り囲んでは「話し合い」という名の、深夜から翌朝までの拷問に近い吊るし上げが行われた。

「岩手に帰ってこっちへ出てくるな」（M原）

「あんたのせいで本科生から怒られたりして大変な目にあった」（Y田・S我・M原ら）

「笑うな　むかつく」（S藤ら）

など同期生の一部生徒からひどいいわれを受けた。

第3回目の面談（同年9月16日）

出席者：Sさんと両親

①OG法要出席の件、決着済みの確認

Sさんが小林公平校長（当時）宛に反省文を出していることにより解決している。

②生徒共用のスプレー缶を盗った

同期生生徒の共用しているスプレーをSさんが自分のカバンに入れたとされる件。これはSさんが名札を着用してなかったことに気づき、あわててカバンから名札を取ろうとしたところ、スプレーが誤ってカバンの中に入ったというもの。「盗難だ」と騒がれるもS

さんは必死に弁明するが受け入れられなかった。そして「それ以前の盗難事件もSさんが犯人だとはっきりした」と一方的に決め付けられた。

しかし、この翌日にSさんにとって最大なるピンチが襲いかかってきた。

06

コンビニにて万引との虚偽報告

Sさん側と音楽学校側との面談が行われたが、最終の第3回目（9月16日）が終わった翌日にすさまじい事件が報告されるのである。

Sさんがコンビニで万引きをするのを見た

9月17日夕刻。

学校の授業も終わり、寮に帰る前に立ち寄るコンビニ。気の合う同期生とともに買い物に行くのが唯一の楽しみという生徒もいるはずだ。

Sさんもほぼ毎日寄るであろうコンビニでの買い物は、1日の中で息が抜ける時間だったであろう。

学校から寮に帰る途中にある便利なコンビニは、阪急電鉄今津線宝塚南口駅高架下の「SHOP99」（現在はローソンストア100）。

その日の夜のひと時を過ごすのに、友人とおしゃべりするのに飲み物や、お菓子類を買いに寄るいつもの店。今回、その店がSさんにとっては修羅場と化した。

いつものように、親しい友人T田とA本らとともにSさんは店に入る。

入ってすぐの惣菜コーナーで海鮮サラダを買い物カゴに入れた後、ジュースを買いにペットボトルコーナーへ。そこでファンタオレンジを買おうとカゴに入れようとするも、寮の自分の冷蔵庫に買い置きがあったことを思い出し、カゴに入れたペットボトルを元の場所にもどす。しかしここで「まあ買っておいてもいいかな」と思い直し再びカゴへ。だが、またここで結局は買わずにペットボトルを元あった陳列棚にもどした。

その後にお菓子コーナーやアイスクリームBOXを見て回るも見ただけで購入せずにレジに並ぶ。

レジ台で精算を済ませ、店を出て寮へ帰る……。

というのがSさんのそのときの行動である。なんらおかしな点などない、ごく普通の買物のシーンだった。

万引きを目撃したと虚偽報告されたコンビニ
（現在はローソンに変わっている）

しかし、このときのコンビニでのSさんの行動に待ったをかけたのが同期生のふたり。

見張っていたふたりが見たことは

この日、一緒にコンビニに行っていたT田とA本は、実はSさんを監視する役割を演じていた。

前日（9月16日）にWさんが「Sさんが万引きをしている」ということを委員のY田に告発。そこでY田はSさんと親しいT田とA本に監視役を命じ、Sさんを見張らせて結果を報告させた。

T田・A本のふたりは、Sさんがキョロキョロと周りを気にしながら店内を移動し、買い物カゴの中に入れていたはずの商品（ペットボトルやおにぎり類）がある通路から出てきたときにはカゴの中にはその商品がなかった。

「これは万引きにちがいない」

と監視役となったT田とA本は寮に帰って委員のY田に報告をし、大騒動になった。

Sさんを激しく責めていく。当然のことながら学校側へも報告がなされた。

しかし、ここで監視役のふたりが「Sさんが万引きをした」というものの、実際にコンビニでSさんが買い物カゴに入れていた、購入しようとした商品を自分のかばんに隠し入れて、レジを通さずに店を出るといった、真の万引き犯の行動そのものの現場を見たわけではないのである。これは証人として「実際に万引きするところ（精算をすませていない商品を持ち帰る）を見たわけではない」と発言しているのだ。買い物カゴに入っているべき商品がなくなっているので、これは「万引きにちがいないだろう」という推測のもとでの単なる思い込みでY田委員に報告を入れたのである。

ここでひとつ大きな疑問点が浮上してくる。Sさんが間違いを犯さないようにという意味でT田とA本が監視役になって、Sさんを店で見ていたのに、Sさんが少しでもおかしな行動をとったと確認したなら、なぜその場でSさん本人に「今のはだめだよ」か「疑われるようなことはやめよう」などと言えなかったのか。

最初から万引きありきで証拠をつかんで、Sさんを犯人扱いして厳しく責め立てる構図は刑事ドラマを見ているようだ。

証言した生徒は一様に、「Sさんとは仲が良かったのに……」と、きれいごとをならべておいて、実際に万引きしたところを見てもないのにSさんを犯人扱いする。この憤りをどこにぶつけたらいいのであろうか。

報告を受けたY田委員も、なんの証拠もなくT田とA本の証言を鵜呑みにし、Sさんを万引き犯に仕立て上げたのである。

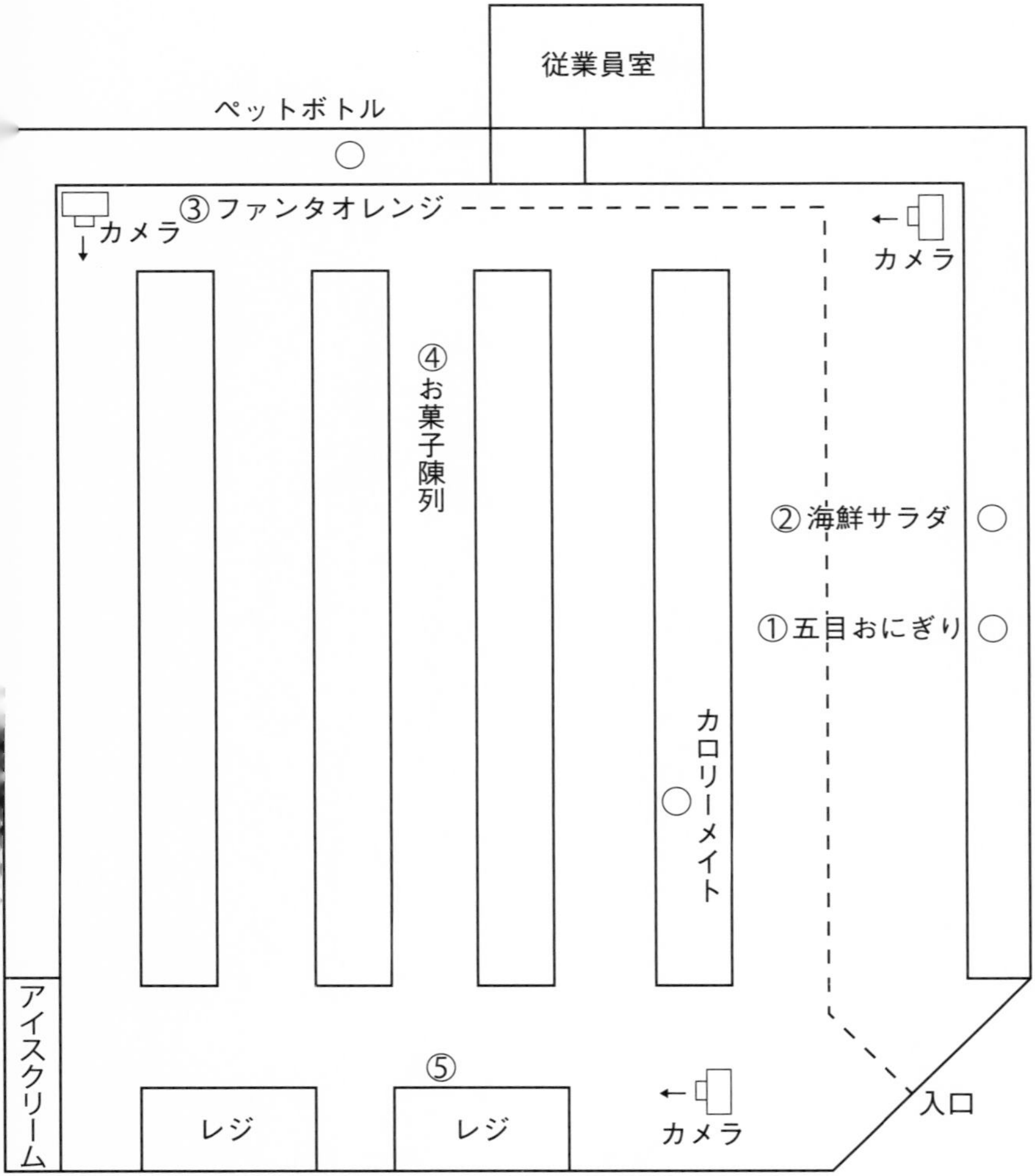

コンビニ店内図

①〜⑤の順にＳさんが進んでいる。
①五目おにぎりは取っていない。／②海鮮サラダを買い物カゴに入れた。／③ファンタオレンジは買い物カゴに入れたがもどした。この動作を繰り返している。／④お菓子棚から出てきたときに買い物カゴからファンタオレンジがなくなっていたので万引きをしたであろうということに。／⑤レジで精算。

同期生だけではなく、この報告を受けた音楽学校側も、その報告を受けただけで生徒たちと同じように騒ぎ立てて、Sさんをよってたかっていじめぬく。幼稚な悪の巣窟だ。

翌日の9月18日。今度は学校で

Sさんはモダンダンスの授業を受けていた。

突然、樫原事務長と藤井職員が教室に入ってきてSさんをなんの理由も告げずに連れ出したのだ。そしてそのままSさんと一緒にすみれ寮に帰った。

寮のSさんの部屋で冷蔵庫やSさんが使用している棚の中などを開けさせて写真撮影をしていった。それも、女子生徒の部屋の中を女性職員の立会いなしで、男性職員だけでいきなりの撮影である。

なにも授業の途中で、みんなが受けている授業をさえぎってまですることなのか。Sさんにはもちろん、他の生徒にもなんの説明もなくいきなりの行動に意味があるのか。せめて授業が終わった休み時間か、放課後でもいいのではないのか。これこそ人権無視の卑劣な行動ではないのか。

常軌を逸している……。

なんの罪もない人間を陥れる。教育者のすることではない。これこそ犯罪じゃないのか。

07

防犯ビデオに写っている内容

「コンビニエンスストアでSさんが万引きするところを見た」と同期生が証言し、学校側に報告された件で、裁判で被告の音楽学校側から提出された証拠品。問題の防犯カメラからダビングされたビデオテープ。これを検証してみると事実が明らかになる。その防犯ビデオに写っている様子は以下のとおりである。

9月17日19時43分

96期生のN武、T田、Sさん、A本の順に入店。Sさんは右肩に予科バッグ、左手に買い物カゴと自身の紙袋を持っている。入店してすぐにおにぎりとお惣菜のコーナーに進み、そこで陳列棚にSさんは手を伸ばしている。

おにぎりを手に取っているように見えるが、カゴには入れていない。カゴに入っていたのはその横の海鮮サラダのパックである（Sさんの証言どおり）。

19時44分

Sさんはさらに進んで店内突き当たりを左に曲がりペットボトルのコーナーに進む。ここでペットボトルを1本、もう1本、さらに1本、さらにもう1本の計4本をカゴに入れているように見受けられる。

たしかに手を4回陳列棚に伸ばしているのが見て取れる。しかし、Sさんは、「買おうと手に取ったが、ジュースは寮に残っていたはずと思い出し、いったんもどした。しかしやっぱり買っておこうかと思い直しました、手に取った。が、またやめておこうと元にもどした」

この一連の動作が4本棚から取ったと言われるが、実は2本のボトルを買うか、やめるかの行為で合計4回写っているのである。

19時45分

お菓子のコーナーの通路から出たSさんがT田、A本の横を通ったとき、買い物カゴは空になっていた（この間約30秒）。T田がA本に「Sのカゴが空になっている」と話す。

T田とA本はSさんがお菓子の陳列棚の通路からもどってきたあと、ペットボトルコーナーにもどっていないので、ボトルをもどすことができない。それで買い物カゴにはボトルが入っていなかったのでSさんが持っていた自分の紙袋に入れたのだと主張したのだ。

しかし、Sさんはお菓子のコーナーの通路に行く前、ペットボトルのコーナーを離れて、いったん、バック（来た通路をもどる）したときの様子がカメラに写っているが、そのときのSさんの買い物カゴにはペットボトルが入っていない。その後にお菓子コーナーへ入っているのである。

19時49分

Sさんは自分の紙袋を左手首にかけ、貴重品袋とサイフを右手に持ち、買い物カゴをレジ台の上に置いた。このとき、Sさんが持っている紙袋の入り口が大きく開き、中にペットボトルのキャップがふたつ入っているのが写っている。レジ台のSさんのすぐ後ろにはT田がいる。

たしかに、ペットボトル様のキャップが写っているように見える。それはまぎれもなくペットボトルだったのだが、Sさんがその日に飲んでいたペットボトルで飲みかけのものを入れていたと証言している。

19時50分

Sさんは買い物の精算が終わりレジを離れる。T田とA本は「Sさんが盗んだのがわかっているがどうしようか」と相談している。そしてSさんが先に店を出る。続いてN武が店を出た。

という内容である。

確かにSさんの一連の行動を見ると、ペットボトルコーナーで手を陳列棚に伸ばし、商品を取り、買い物カゴに入れたりまたもどしたりをしていた様子が見てとれる。しかし、誰でも買物をするとき、買おうとした商品を途中でやめたりして元の位置にもどす行為はよくすることである。

Sさんが持っていた自身の紙袋の件で、学校側の言い分が「紙袋の底まではどうかわからないがほぼ空に近い状態だった」と言い、生徒は「寮で確認したら紙袋の中を見ると五目おにぎりが入っていた」と証言する。

学校側が証拠品として提出した防犯ビデオのテープだが、万引きを見たと報告したT田とA本、そして学校側の言い分はそれぞれで違っていてバラバラ。防犯ビデオでは紙袋にはペットボトルのキャップが写っているにもかかわらず、学校側が「空に近い状態だ」と言い張っても筋がとおらない。学校側はよくもこの防犯ビデオを裁判所に提出したものだ。

Sさんの裁判所での尋問

——コンビニに入ってすぐおにぎりのコーナーでおにぎりを取りましたか？

いいえ。

——サラダは取りましたか？

はい。

——その後、ペットボトルのコーナーでペットボトルを取りましたか？

4回ほど手を伸ばしましたが、買い物カゴには入れていないと思います。1度、1本をカゴに入れたと思いますが、すぐにもどしました。

——レジでの精算時には持っていた紙袋の中にペットボトルのキャップ様のものが見

えるが？

これは飲みかけのウーロン茶です。

Sさんの証言はさらに続く

――委員4名が、買っていないものが寮の部屋にあると言っていますが？

同期生や先生方に「私はやっていません。防犯ビデオを見てください」と言いました。「学校や劇団、警察を巻き込むのか？　そんなにしてまで自分の名誉を守りたいのか」と問われ「はい」と言ったら他の同期生たちは怒りました。「やっていないと言えるのなら証言（目撃）したT田、A本の目を見て（あなたたち）嘘をついているでしょう」と言ってみろと言われたが、ふたりは一緒に下校してくれていた人だったので、なにも言えずに泣いていました。今西副校長は「本当にやっていないのだったら言えるんじゃないの？」とあきれた顔で笑っていた。「Sさんの立場は明らかに不利だ」（藤井職員）「Sさんを見ていたらイライラする」（神田職員）と言われました。

生徒を守り抜くのが職務の職員や、さらに副校長までもがひとりの少女を取り囲んで、最初から万引き行為ありきと決め付けてのこの吊るし上げ的行動が学校の寮の中で繰り広げられていた光景を浮かべてほしい。

やってもいないことを「やったのはお前だ」と周りから突きつけられる、いわば拷問に近い状況でのSさんの心情は、それはそれは計り知れない屈辱を通り越した想像を絶するものであったにちがいない。

自分の周りは、みな、敵である。誰ひとりとして自分の味方になってくれる人がいないのである。いくら本当のことを正直に言ったって、誰も信用しない。そればかりか、みんな、私が悪いと決め付ける。

「おまえが、悪い」

まかり間違えばSさんは精神崩壊してしまうほどに追い込まれていた状況ではなかったか……。

証拠品の防犯ビデオ

今回、証拠として提出されたコンビニショップの防犯ビデオのテープ。その出所というか、出てくるまでのいきさつに疑問点がいささか多いとされている。

今回Sさんが万引きしたところを目撃した生徒が学校側に通報、大問題となった現場は「SHOP99」宝塚南口駅前店。しかし、店側は万引き被害を訴えてはいないのである。万引き現認はなかった。万引きの事実がない。万引きがあったという通報も店側、警察にもなかったのである。

どこから　どのように

この日（9月17日）には同店で万引きの「ま」の字も出ていないのである。そのビデオテープがなぜ証拠品として出てきたのか……。

騒動が起こった平成20年9月17日以降1週間ないし、2週間の間に同店で万引の事実の捜査を第三者が宝塚警察署に依頼、同署が店側に9月17日分の防犯ビデオの記録をテープにダビングさせ任意提出させたのである。その第三者とは、あろうことか宝塚音楽学校である。樫原幸英事務長が生徒から万引きを目撃したと通報を受け、宝塚警察署の刑事課に「防犯ビデオの内容を確認してほしい」と相談しに行っている。

今回のえらく早い行動は、店のビデオテープの内容が9月17日以降、1週間から2週間の間に上書きされるのでそれ以前は自然と消えてしまうということを察知していたのかどうかは定かでないが、とにかくすぐに警察に出向いた行動がすばやかった。

同署から「ＳＨＯＰ99」のＮ店長（当時）に店内防犯ビデオの中身を提出するように捜査協力の依頼があった。依頼を受けたＮ店長は防犯カメラを管理するセコムに依頼し、ハードディスクドライブ上の画像をビデオテープ２巻に録画保存したものを作成し、提出した。

店側から万引きの被害届が出ていないのに、音楽学校側からの申し出だけでビデオテープを提出させることができたのはなぜか……。やはり影の実力者がなんらかのラインで宝塚署に圧力をかけたのかという見方がされている。いまなお、疑念が残ったままだが……。

「もちろん、警察ＯＢが定年後に阪急阪神グループに入っているでしょうね。ＯＢを抱えていると、なにかとことが起こったときに便利ですから」とは経済ウォッチャーＩ氏。客とのトラブルや総会がらみ、そして今回の場合もすぐに行動に移せられたように、こということきはにらみが利くということだ。

証拠品のテープ

このビデオテープの保管者を宝塚警察署としておいて、第１回の弁論期日に「文書等送付嘱託申立書」を提出。裁判所からテープの存否の問い合わせを受けた同署はあわてて店側に返却したことから、テープの所持者を同店側とする文書等送付嘱託申し立てがなされテープの任意提出となった形。これは「学校側が宝塚警察署に恥をかかせたことになってしまった」と、Sさん側の弁護士。

結局は9月下旬にビデオテープを入手したが、宝塚にありながらもタカラヅカの世界なんぞまったくの無知ぞろいの宝塚署員たちであるから、写っているのは誰がだれなのか皆目検討がつかない（これも当たり前のことではあるが）。同署から学校側に「写っている生徒の顔を確認してほしい」と協力の依頼があり、樫原事務長が同署に出向き、協力しただけの話である。

実際に警察がそのビデオテープを捜査にどう利用したのか、検証した結果どんな結論に達したのか、警察にまで相談に行った樫原事務長は、その後の経過と結果を聞こうともしなかったというから、この時点で、「立証はムリか」と腹をくくっていたのか。案の定、警察側は防犯ビデオテープを視聴し確認したところ、万引きの事実は確認できず、捜査は打ち切りということになったのである。

防犯ビデオのテープを見たって、万引きとして立証はできなかったという結論はわかっていたことではないのだろうか。一般の方もこの防犯ビデオテープの中身は視聴できる（神戸地裁にて）ので、その目で確認されるといいだろう。

捜査が打ち切りとなっているのに、万引きは確認されなかったという結論に至ったのに、それなのに学校側は「Sさんは万引きをした」という結論を勝手にしてしまっているから、ここでも話がむちゃくちゃである。

「コンビニでの万引きを目撃」の件で被告側からの証人尋問

第1回目の証人尋問（平成22年3月18日）に被告側から96期生生徒の7名が出廷し、2名が万引きをしたところを、ひとりがそのふたりから報告を受けた当時を語った。

①T田の証言

――あなたとSさんとの関係は？

よく部屋に行って話をしたりしました。相談にも乗っていました。

――コンビニの店に入ってSさんはどうしたか？

入ってすぐの右にあるおにぎりコーナーで「五目おにぎり」とあとふたつぐらいの食料品をカゴの中に入れました。

――「五目おにぎり」となぜしっかりと覚えているのか？

形がふつうのおにぎりと違うし（たいがいのおにぎりは三角の形をしているが五目おにぎりは丸い形をしている）、色も茶色で字もすごく目立つのですぐにわかりました。

――ペットボトルコーナーでSさんはなにを？

ペットボトルを３か４本カゴの中に入れていました。

――どんな飲み物でしたか？

ファンタオレンジです。

――なぜファンタオレンジとしっかりと覚えるいるのか？

色がすごくオレンジ色でいつも見慣れているのでまちがいありません。

――そのあとは？

Sさんの様子をうかがっていた。

——どうしてそういうことをしたのですか？

Sさんは人目を気にしながらキョロキョロ、ごそごそしていたので確認していた。

——Sさんがレジに行ったときは？

Sさんのすぐ後ろに並びました。もう一度ひじに掛かっていた紙袋の中を確認したかった。


その後、T田とA本は寮に帰ってY田委員の部屋に行き、Sさんが万引きしたことを伝える。そして、そのときの委員4名（Y田・M原・S我・T橋）がSさんの部屋に行き、紙袋の中をチェックすると、おにぎり、ファンタオレンジ、カロリーメイトが入っていたという。最初に証言したこのT田は、Sさんとはもともと仲が良かったという。Sさんがしだいに部屋にこもることが多くなり、いろいろと相談を受ける間柄になったそうだ。

その後、演劇プリントがなくなったが、同期生が「Sさんが持っていた」と聞いたので、Sさんが盗ったと思ったという。Sさんの行動はおかしかったから、Sさんの仕業と思ったそうだ。しかし、今回の万引きを見たという件では、Sさんが買い物カゴに入れるのを見たが、紙袋に商品を入れるのを見たのではない。ごそごそ、キョロキョロして人目を気にしている姿しか見ていなかったようだ。

②A本の証言

——あなたとT田のふたりで見張り役に？

9月16日に同期6人で帰り、うち4人でコンビニへ寄りました。買い物後、Sさんとふたりで帰りました。翌17日に、ある生徒（Wさん）がSさんが万引きするのを見たと委員のY田に伝えると、その日のうちに確認しようということで、Sさんともともと仲がよかった私とT田さんとで相談し、ふたりで（見張り役を）することにした。

A本もT田と同じくSさんとは本当に仲良しでこの9月17日までは一緒に学校から帰ったり、休日にも外出を一緒にしていた間柄だったようだ。

③Y田委員の証言

音楽学校入試試験で優秀な成績で合格したY田は1年目（予科生）前期の委員に就任した。入学した96期生の一番最初のまとめ役でリーダーであった。

――委員の役割は？

（生徒間で）問題が発生すると同期生で話し合ってその中で解決していく。解決できないものは先生（学校側）に報告をします。

――9月17日の見張り役は？

前日（16日）にWさんが「Sさんが万引きをした」と言ったのでSさんと仲がよかったT田さんとA本さんに見張るように言った。報告があって、寮でSさんに紙袋の中を見せるように言い、中を見ると五目おにぎりとカロリーメイトが入っていた。ファンタオレンジは見ていません。

委員4名（Y田・M原・S我・T橋）がSさんのカバンの中をチェックしたときには五目おにぎり・ファンタオレンジ・カロリーメイトが入っていたという証言があったが、Y田の証言はファンタオレンジを見ていないということだった。この矛盾はどうであろうか。Sさんのカバンを見たのはそれぞれ同じ日だったのに、この食い違いは重要な意味合いを持つのではなかろうか……。

さらに、紙袋の中に入っていたとされる「カロリーメイト」だが、これも引っかかる話だ。じつはSさんは「カロリーメイト」を食べないのだ。大塚製薬が出している同じバランス栄養食品ものとして「ＳＯＹ・ＪＯＹ」というのがあるが、Ｓさんはこの栄養食品をお母さんからまとめて送ってもらっているのである。この「ＳＯＹ・ＪＯＹ」しか口にしないのだ。わざわざ実家から送ってもらっていて、それしか食べないものを、違う商品（今回のカロリーメイト）を買おうはずもない。Ｓさんをなんとか貶めようと、よく考えればおかしなことばかりを無理強いしているだけの話。

証人尋問で彼女たちは

しかし、彼女らの証言っぷりは見事であった。というのもまるでセリフを述べるようにしゃべっていた。長い証言の場面では、いまにも涙を浮かべてポロリと一筋流れてしまうのではないかと思われる、演技に近いような生徒も見て取れた。「さすがは未来のタカラジェンヌだ」と、このときはただただ、関心させられたものだ。

そうはいっても、17、18の少女たちで、彼女たち本人が答えにくい質問、あるいは想定外のことを聞かれたときは、学校側の林弁護士や樫原事務長のほうを見て「助けてください。なんと答えればいいの？」と哀願しているようなそぶりも同時に見受けられた。

林弁護士はキョロキョロしたしぐさのようにして、なにか彼女たちにアドバイスを送っていたようにも見える。さすがに裁判長も、「林弁護士、首を振らないで」と注意をすると「ハイ」と答えるしぐさが滑稽であった。想定外の質問に対してはオロオロして、どのように答えていいのやらわからない状況であったのだ。

コンビニでの万引き騒動後も……

学校から実家に電話が

数々の寮内での盗難事件。それらのすべてがSさんの仕業であると決め付けられ、9月17日のコンビニで万引きを目撃したとされる件など、学校側はSさんに問題ありという判断を下し、10月1日に樫原事務長が岩手のSさんの実家に電話を入れた。

「コンビニでの万引きの件でお話がある」。ご両親が「そんなすぐにはそちら（宝塚）へは行けない」と返答すると、「それではSさんを連れて岩手へ行きます」という。「それでは弁護士立会いでお願いします」と伝えることになった。

翌2日には「あくまでご両親とお会いしたい。弁護士はいらない」という返答が学校側からあった。さらにその翌日の3日には「学校側で対処したから、もういい」とこれまた一方的に伝えてきたという。

学校側から通告しておいて、自分たちの思うようにならなければ勝手に判断して対処してしまったこのドタバタ劇。ご両親にとってはもう少しきちんとした形での対応を望んでいたのに、なにがなんだかわからないまま、勝手に収束されてしまっては、たまらない。ましてて、Sさんの場合はそれまでにもいわれのないことばかりを当てられ続けていたのである。はるか遠くに住んで、大事な娘を預けているご両親にとって、今後はさらに不安が増長し続ける日々を過ごさなければならない。

母親のM子さんが「宝塚に行って娘と一緒に暮らして、そこから学校へ通わせたい」と願ったのも親として当然の行為である。

Sさんに集中砲火

そしてこの10月から学校は後期授業がスタートしたが、それとともにSさんへのいじめがエスカレートしていくのだ。

「私の視界に入るな」（M原）

「死ねばいいのに」（S藤）

と、罵声ではすまされない人格を疑うような発言が、日々Sさんに容赦なく降り注がれていく。それだけではない。その後も物がたびたびなくなっては、すべてSさんを犯人扱いにする。そして今度は、学校の授業中にも如実になって現れていくのだ。

○授業中にもかかわらず、同期生同士が目を見合わせてSさんの方を見ては、意味もなく笑う

○茶道の授業で、Sさんが点《た》てたお茶には誰ひとりとして口をつけない

○演劇のレッスンでも、Sさんだけがパートナーを組めずにひとりだけで練習する……

といった具合だ。

これまでの盗難事件はすべてSさんの仕業とし、結局、誰ひとりとしてSさんと話そうともせず、疎外していき、ついには、同期生同士での連絡網であるメーリングリストもSさんを外した新たなメーリングリストが作られ、Sさんを除く同期生だけで連絡をし合っていくことになってしまった。

そして、このあと、またしてもSさんに大事件が降りかかってきた。

08

そもそも今回の大騒動の始まりは

今回の大騒動のＳさんへのいじめのきっかけは一体なんだったのであろうか。

宝塚音楽学校入学を目指す生徒にとっても、その親や周りの人間は相当な努力が必要となってくる。もちろん莫大な金が必要である。

幼少の頃からすでにダンス、声楽、日舞、バレエ界の一流と呼ばれている先生についてレッスンを受けるのは当たり前のこと。何年も、十数年もの期間を費やしてやっと、かろうじて、ぎりぎりですみれの学校の門をくぐることができるのである。

しかし、今回の才能にあふれたＳさんの場合のように、宝塚名門予備校「ＫＩＥミュージックスクール」の冬季講習をわずか数日間通っただけで合格する場合もまれに起こることだ。それも豊かなる才能、類まれなテクニック、誰も寄せ付けない美貌があればこそ。

しかし、Sさんもかなりの努力を惜しまずに頑張ってきたのは紛れもない事実である。

Sさんも人並み以上に苦労した

6歳からすでにバレエを習い小学生のときに慣れない土地への引越しがあったにもかかわらず、盛岡でもバレエを続け、中学、高校でもクラブ活動を続けながらバレエ、声楽のレッスンを励んだわけである。

その「KIEミュージックスクール」の冬季講習で受講者全員の前で当時の講師が「Sさんは絶対に合格する」と断言し、事実そのとおりになった。同スクールからは7人が受験、合格したが、その中には今回のいじめ騒動の中心的人物とされるMやWといった面々がいた。「なんで数日間のレッスンを受けただけのあの子が合格するの」と。そう、Sさん以外の生徒も幼少の頃からバレエや声楽、ダンスのほかにも宝塚音楽学校に合格するためにかなりの時間とお金を費やしてきている。

お金持ちで裕福な家庭ならそうでもないが、世間一般の平均的な家庭なら、親の収入のほとんどを我が子に投資していかなければならない。それでも宝塚を受験する子供たちのなかの数十人にひとりしか合格できないこの現状。お金の威力を見せ付けての宝塚入りは、その昔は裏の取引きが存在したかしないかは当人のみぞ知るところだが、やはりそこは実力の世界。Sさんにはあって、ほかの生徒にはないキラリと光るものがあったのは消せない事実だったのだろう。

そして8月のOG園井さんの法要への出席にしても「なぜ岩手県出身のSだけがもてはやされるのか」……。

女の世界独特の妬み、嫉妬がかなりの量、あふれ出ていたのだ。

音楽学校に入学してからもそれらは如実に出ている。

学校での成績

Sさんの音楽学校での成績は、実はお世辞にも良くはなかった。

予科生時の前期の成績は実技では真ん中からやや後ろ目の位置に属していた。しかし、声楽の「楽典」という教科のペーパーテストは上から5番目になり、演劇論では100点満点で1位を獲った。

Sさんは高校1年生終了と同時に入学したが、同期生の中には高校卒業から入学したものもいる。宝塚音楽学校では年齢だけで見ると、同期生ながらも先輩・後輩の関係が成り立っている。これがややこしい関係。先輩を抜いてペーパーテストの成績トップは反感を買うというのか。

通学途中の宝塚音楽学校生徒

確かにそうだが、そんなことを言っているようではその生徒の明日はないに等しいのではないであろうか。どこの世界も実力の世界。まして、タカラヅカの舞台を踏むジェンヌにとっては日々、戦争のはずだ。自分以外は全部ライバルで自らの手で落とさなければ己の位置がなくなるのだ。それも小汚いあこぎな手を使うのではなく、正々堂々と勝負をし、勝ち抜いていけばいいだけのこと。こんな当たり前のことを書いてはいるが、今回のような大騒動が勃発しているのも公然たる真実だ。

一連の女のやっかみ、妬みが次々と如実に現れたのだが、入学後のガイダンスの頃からすみれ寮内でのさまざまな盗難事件が続き、「誰が犯人か」「あいつがやった」などと実名が飛び交う中で、一番最初に起こったこととして挙げられたのが、ハンガー紛失事件である。

入学後すでに始まっていた

すみれ寮に入寮した際、Sさんと同室になった一番委員のY田の使用していたハンガーがある日なくなった。探しているとSさんの服掛けのところにY田のハンガーが掛かっていたという。Y田はそのハンガーの盗難届を学校側に出していたというのだ。

入学してまもない時期、ましていろいろな盗難事件があったとされた時期よりもかなり前の段階である。

なにもいきなり盗難届を出さずとも、きちんと周りを探していけばいいだけのことではあるまいか。それがいきなり届けを出すという行為に「なんで？」と思うのは私だけだろうか。

一番委員・Y田も重圧

「Y田は相当なプレッシャーがあったのでは」

と語るのは、宝塚ウォッチャー歴数十年のA氏。

確かに、あこがれの宝塚の世界への第一歩である音楽学校に入学したうれしさはあったであろう。そこでY田の成績が優秀だったためにいきなりの委員に選ばれた。しかもその中でも一番手の委員に当たるポストに就任したために、

「Y田さんは予科生を自分がまとめなければならないと責任感強く、自分にプレッシャーをかけたのでしょう」（A氏）。

そのプレッシャーに押しつぶされて？　突拍子もない行動に出た？

Y田は同室のSさんが自分のハンガーを盗んで我が物顔で使っていたことが許せなかったのか、それとも、同室になったSさんをなにかの理由から受け付けられなかったのか……。本人のみぞ知ることだが……、はたして……。

09

宝塚大劇場観劇中のお客さんのサイフが

平成20年10月12日

宝塚大劇場では宙組の「Paradise　Prince」が上演されていた。大和悠河主演による、アメリカ・ロサンゼルスを舞台にアニメーションピクチャーの世界で成功を目指す主人公のサクセストーリーのレビューもの。

宙組のトップだった和央ようかの大ファンで1年に10回も宝塚大劇場に足を運んだこともあるという岡山県在住で熱烈なヅカファンのKさんがその日観劇していた。

大劇場の2階・A席に姪っ子と観劇を楽しんでいた。

Kさんの右隣り席に姪っ子、そしてKさんの左隣りの席には音楽学校生と思われる女性が座っていた。もちろん、制服姿だったのと雰囲気からしていかにも男役のいでたちだったので「音校生だな」と思ったそうだ。

異変に気づいて

Kさんは公演の合間の休憩中に午後の公演も観たいと思い、午後の部のチケットを買いに立ち上がった。そしてチケットセンターに並んでいる最中、カバンの中の財布がないことに気づいた。

慌てて自分の座席にもどった。午前の観劇中は財布を入れたカバンを足元に置いていたので、ひょっとして落ちているかもしれないと思い、急いでもどったものの財布はなかった。足元や、自分の席の周りを探したが見当たらない。そのとき左隣りに座っていた音楽学校生らしき女性も一緒に探してくれたという。結局は座席周りで見つからず、もう一度チケットセンターやグッズショップに行き、財布が届いてないかを聞いた。しかし財布の届け物もなく「どこかで自分が落としたのであろう」とあきらめて、帰りに交番で遺失届を出した。

Sさんが財布を発見

一方、Sさん。この日、予科生らと宙組の公演を観劇後、席を立ち劇場を出ようとした。

そして大劇場改札口に近いトイレから1、2メートル先のところに財布が落ちていることに気がつき、それを拾ったのである。そのままトイレに入り、中身を確認する。カード類は入っていたが現金はなかったという。

「これはすぐに届けなければ……」

しかし、Sさんは一瞬、ためらった。それは財布をネコババしようと思いためらったのではない。警察に財布を拾ったと届けなければならないが、その前にまず、委員に報告しなければ……と思ったという。

財布を届けなかった

〝音楽学校生は落ちているものを拾った場合はまず、委員に報告をしなければならない〟といった規則はもちろん存在しない。なにを勘違いしたのかSさんはその財布を寮に持ち帰ってしまったのだ。重大なる落ち度といえばそれまでだ。警察に届けるのにも、音楽学校の制服のまま交番なり、警察署に入っていくところを見られたら、「なにをしたんだろう」と同期生や、先輩方、教職員、または目標のジェンヌ、そしてなにかと騒ぎ立てるファンたちにその光景を見られてしまったら……と思ったのか。

なにもいきなり警察に行かなくても、大劇場の改札口なり、劇場内係員に「落し物」として渡しておけばなにも問題は起きなかったであろう。さらに、寮に持ち帰った財布を委員に「大劇場で拾いました」と報告をしなかった。

なぜ……。

当時のSさんの立場は……

そう、これまですみれ寮内で起こった数々の盗難事件のすべてがSさんの仕業だと決め付けられ、その都度、深夜から翌朝まで繰り広げられる吊るし上げ、授業中でも受ける同期生からの執拗ないじめ……など、なにを言っても誰も信じてくれない。ましてや「財布を拾いました」と報告しようものなら「また盗んだんでしょう」となるに決まっている。こんなことが頭をよぎり、報告できずにいたのである。かわいそうといってしまえばそれまでだが、なにもここでSさんを擁護するわけでもなく、10代の少女にとって毎日どんな心持で過ごしていたことであろうと思うといたたまれない。

なにをするにも、どう発言しても自分のことを信じてもらえない。信じてくれる人がまわりにいない状況………。

結局、親が宝塚に来たときに話そうと思った。それで日数が経って9日間持ったままだった（実際には寮の自分の机の上に置いたままであった）。

Kさんが警察に遺失届を出して10日後の10月22日に、宝塚警察署少年課から「財布が見つかった」という電話が入り、翌月の11月12日に宝塚署に取りに行った。

落とした財布が持ち主に無事に返ったということで一件落着した、とはいかなかった。

音楽学校側からの対応

Kさん宅に音楽学校側から電話が入ったのが、翌年の平成21年1月中旬。樫原事務長から、

「Kさんの隣りに座っていた音楽学校の生徒は男役か女役かどちらでしょうか。また、写真を見ればその生徒が誰かわかりますか」

といった内容の電話だった。

Kさんは「おかしなことを言うなあ。なんでいまさらそんなことを持ち出すのか……」

と疑問を持った。

Kさん

「最初から私は財布を盗まれたとは思っていません。生徒さんが拾われたとされた所（改札口にちかいトイレ付近）へは行っていない。どこかで私が財布を落とし、それを誰かが拾い、中身の現金を抜き取ってその場所に落としたか、置き去りにしたのかと想像します」

とKさんは証言している。にもかかわらず、学校側はKさんの左隣りに座っていた生徒をSさんと断定し財布を盗んだという話ありきで進められていたのだ。

Kさんは宝塚署員とのやり取りでも、

○オペラグラスをレンタルした後、急いでいたので財布をカバンに入れそこなったかもしれない

○観劇中は足の前にカバンを置いていたのでスリ取られたとは考えられない

○財布が拾われたところには私は通っていない

と自分の意見をはっきりと述べている。

それなのに学校側のこの態度は？　と大きな疑問にかられたことだろう。

Kさん、Sさん側と面会

そして、1月29日にKさんは倉敷市でSさんと母親のM子さんと会うことになった。

実は、Sさんの母親M子さんと学生時代に同期だった女性（現ピアノの先生）はKさんとY音楽学校でたまたま同じ所属だった。まったくの偶然ながらもそういう縁があり、この三者面談が実現したわけだ。

Kさんは Sさんの母親M子さんから「娘がKさんの財布をずっと持っていたことでご迷

惑をおかけしました。許してください」と言われた。と同時に、Sさんが今回のことを含めて音楽学校から退学処分を受けたことを初めて聞いたのだ。Kさんにとってもこの事実を聞いたときはショックだったと話している。それはそうだろう。Kさんが音楽学校側に話した「財布は盗まれていない。私が落とした」の内容が、自分の主旨とはまったくかけ離れて使われたことで激怒している。

「SさんがKさんの隣りに座ったということは、カバンから財布を盗むことができる状況だった」

これはいくらなんでもひどすぎると、はなから完璧にSさんを犯人扱いしている学校側の態度に怒り爆発である。

そもそも、Sさんがこの日に観劇したのは、ほかの予科生M脇・Y津・K沢の3人だけではなく、ほかにも生徒を大劇場内で見たと証言している。しかし、Sさんを除くほかの3人は、

「観劇していたのは私たちの4人だけです。私たち以外に予科生はひとりもいなかった」

と証言。この3人の証言のみを学校側がまたもや鵜呑みにしているから、Sさんが疑われるのだ。いや、最初からSさんを犯人と決めにかかっているのだ。

Kさんは実際にSさんと会ってみて改めて「私の隣りに座っていた生徒風の少女はSさ

んではない」と確信したのだ。もうなにがどうなろうとこの事実だけは変わりようがないのである。

学校側から出たKさんの陳述書は、Kさん本人が話した内容で作成されたものだと思っていたが、実際に出ていた書類を見てみると、

○隣りに座っていた人はSさんではない

○財布を盗まれた覚えはありません

の大事な2項目が抜けているではないか。

怒りを通り越してもう言葉が出てこない……。

生徒が窃盗をすれば……

仮に音楽学校の生徒が大劇場でお客さんの財布を盗んだというようなことがあれば、これは大問題である。もちろん犯罪をしたことに加えて、現役の宝塚音楽学校の生徒が盗みを働くことが世間に与える衝撃は計り知れないものだ。学校側にとっては最大の汚点となるわけで、被害者に対してまずは謝罪に出向いて、弁償はもちろん、それなりの制裁をうけるのが筋であろう。

学校側はKさんに対して弁償はおろか、謝罪のひとつもしていない。ただ「生徒が申し

訳ないことをした」という形だけの言葉のみである。これでは到底、謝罪にはなっていない。

何度も言うようだが、Sさんは盗んでいない。Kさんも盗まれたとは思っていない。なのに「自分のところの生徒が盗みました」という意味のこの〝陳述〟はないだろう。

そこで本件が裁判で問題になれば、学校側は「Kさんを証人として申請する」とした感覚には理解に苦しむ。

仮に証人としてKさんが出廷でもすれば、この話（生徒がお客の財布を盗む）が公にされるのである。なるべくなら、自分のところの生徒がしでかした犯罪なら隠しておきたいと思うのが普通ではないのか。

10　宝塚音楽学校

まずは入学

憧れのタカラジェンヌになり大舞台に立つ。スポットライトを浴び、大歓声を受ける……、だれもがその夢を追って、志を抱いて音楽学校の門をくぐる……。

タカラジェンヌになるためには、まず宝塚音楽学校入学が第一条件である。

大正2年に宝塚歌劇団創始者の小林一三が創設した学校。宝塚唱歌隊としてスタートし、宝塚少女歌劇養成会、宝塚音楽歌劇学校、宝塚音楽舞踏学校となって昭和21年に音楽学校と改称されて現在に至っている。

スターになるための、宝塚歌劇の大舞台に立つための、いわば登竜門だ。その昔は音楽学校と歌劇団とは一線が引かれていて切り離されていた時期もあったようだが、現在は音

宝塚音楽学校（全景）

楽学校を卒業しなければ歌劇団員にはなれない。入学＝入団が規定路線である。

現在の学校校舎は大劇場に隣接する形で建てられているが、元は、旧宝塚ファミリーランド（現在は宝塚ガーデンフィールズ）の東側にあった。校舎の壁一面にツタがからまる趣ある建物だったが、大劇場と少し離れていて不便な面があったために、平成11年に現在の場所に移転となった。

音楽学校では劇団員になるための必要なバレエ、日本舞踊、モダンダンス、声楽、ピアノ、琴、三味線、茶道などがきっちりと叩き込まれる。また、社会人としての一般常識やマナー、礼儀作法も同時に教わるカリキュラムとなっている。

講師陣として日舞・花柳禄春、演劇・柴田侑宏、声楽・五十嵐喜芳、モダンダンスにアキコ・カンダなど各界を代表するエキスパートたちが名を連ね、2年間にわたりみっちりと教育される。97年の歴史で4300名を超える卒業生を送り出し、多くのスターを生んできた。

学校生活は……

例年、20数倍の競争率の難関を突破し、晴れて音楽学校に入学が決まったら、そこからは厳しい授業、レッスンなどが続いていく。

1年目は予科生、2年目を本科生と呼ばれる。

各学年とも授業は前期（4月〜9月末）と後期（10月〜3月末）の2期制となっている。休日は日祝のほか、春季・夏季（それぞれ30日間）に正月も取れ、一般の高校や大学、専門学校などと変わりはない。

授業時間は9時〜17時となっているが、1年目の予科生はこのままの行動をとってはいけないのである。

朝9時始業なのだが、7時までには学校に登校しておかなければならない。本科生が登校してくるまでに教室や廊下などを清掃しておいて完璧な状況において先輩たちを迎えねばならない。どの世界でも新入りは厳しいものなのである。

学校生活、特に予科生は厳しい……

宝塚音楽学校の校則はといえば、それは厳しいというのがもっぱらの評判であった。登下校に関することだけを見てもかなりのものである。実際に生徒が登下校するその様子をご覧になられた方々ならお分かりいただけると思うが、歩道や公道を歩くときは必ず2列になって規則正しい歩調で、きょろきょろしない。前を見て一心不乱に歩く様はまるで軍隊の行進を見ているようだ。信号待ちをしているときは絶対に生徒同士でおしゃべりをしてはいけない。今回の裁判沙汰になるまでは、その光景を見て、生徒のきびきびとした動作に憧れ、また背筋をピンと伸ばしたまま歩く姿に惚れ惚れしていたファンの方も大勢いらしたことだろう。

電車通学している生徒も電車内では空席があっても座ってはいけないといわれている。さらに駅で降りた後、乗車していた阪急電車が駅を出発するときにはお辞儀をして車両を見送るといわれている（ファンの中には見られた方もいるという）。心得として駅の改札口を通るとき、駅員に「お世話になります」と挨拶をしなければならない。宝塚音楽学校に入学したその日から、すでに「阪急阪神東宝グループの一員」であることを忘れてはならないということだ。通学に関してなにもそこまで……、と思われる光景が毎日繰り返されているのがこの世界なのである。

寮生活のスタート

音楽学校の生徒になればまずは、寮生活が始まる。地元出身の生徒は自宅からの通学が許可されるが、地方からの生徒たちは「すみれ寮」に入寮し、音楽学校生活がスタートする。阪急電車今津線宝塚南口駅から住宅街を歩いて約5分のところにある寮はコンクリート壁の建物。残念ながらすみれ色とはいかないが、まさしく「すみれの花園」である。

宝塚音楽学校（正門から）

ほとんどは二人部屋であるが、娯楽施設などはない。スターへの道での厳しい修行の場として遊ぶことなどは考えてはならない。

寮費は月７０００円。食事は昼・夕食１食につき３００~３５０円となっている。本科生になれば外食もＯＫだが、予科生は基本的には寮で食べる。学校からの帰りに店で飲食物を購入することはできる。

学校のある平日のタイムスケジュールは相当細かくなっているが、日・祝日の起床時間は自由で、外出も許されている（ただし1年目の予科生は、たとえ両親が来ていても外泊は禁止）というから、まったくのがんじがらめでもないようだ。１年目の予科生からけっこう、時間が有効に使える様子だ。

1日のタイムスケジュールは下記のとおり。

6：00　起床
7時前　寮生数人ごとに集団登校
7時すぎ　学校に到着後すぐに校内清掃
8：30　着替え
9：00から　授業開始

17：00　授業終了（土曜日は15時）
　　　　下校時間まで自主練習
19：30までに　集団下校
20：15までに　帰寮（食料品などの買物を済ます）
22：30〜24：00　入浴
23：30以降　就寝
（おおかたのスケジュールだが、その日によって違ってくる場合もある）

授業終了後、下校後、入浴後には委員中心の〝反省会〟という名の長い、長〜い「お話し合い」＝お説教が待っているのである。どの社会でも新入りは清掃をして先輩方をお迎えするのは当たり前の話ではあるが、宝塚音楽学校でも生徒ははっきりとした目標（卒業後は歌劇団所属のタカラジェンヌとなり大舞台に立つ）を持っているために、これぐらいはごくごく当然のことではあるのであろう。規律正しい学校生活として脱落者はいないというのが大きな自慢となっている。

朝早く通学する宝塚音楽学校生徒

しかし、実情は……

今回の裁判沙汰になったことから、原告側であるSさんの訴えにより、学校生活はその自慢していた内容とは大きくかけ離れた事実が表面化し、ある程度予想されていたとはいえ、「乙女の花園」の、それはそれは醜くも陰惨な世界が暴露されてしまったのだ。

Sさんひとりを同期生の多くが囲んで一方的に責めまくり、つるし上げ、学校側が追い込んで、ひとりの少女から夢を無残に奪い取った現実。あまりにもむごすぎる。

岩崎文夫校長、今西郁子副校長をはじめ数多くの専門講師陣のもと「清く　正しく　美しく」を創設以来のモットーとして、〝礼儀作法、マナーを厳しく指導しひとりの女性として、社会人として教養を高めていく〟(同校のあいさつ文)ということだが、さすがに今回の大騒動のなかでは、実際に現場で行われていた教育、指導方法は理想からは大きくかけ離れたことが露呈し、笑えてしまう。

11　希望に満ち溢れた楽しいはずの寮生活が

前述したように、宝塚音楽学校に晴れて入学すれば、地元の兵庫県や大阪府出身など近隣に在住の生徒以外は「すみれ寮」に入って同期生と1年上の本科生との集団生活に入る。部屋割りは基本的に二人部屋である。寮委員と呼ばれる3名を選出し、寮での生活を快適に過ごすために生徒と学校側のパイプ役も務める。また、それとは別に予科生、本科生で委員制度を設けてある。

1年を前期・後期と分けて、予科生の場合前期は、入試試験の成績が優秀な順といわれていて、入試の面接の段階で決まる（学校側はあくまで全成績で決めると発表しているが）。そして後期の選出は、前期の試験での成績優秀の上位者に決まってくる。

96期生の場合、
前期委員
①Y田　②M原　③S我　④T橋
後期委員
①N松　②Y田　③N尾　④S藤
と決まった。

そして部屋割りが決まり、Sさんは2Fの2204号室にて一番委員のY田と同部屋となったが、そのY田こそが今回のいじめ問題の中心的人物と目されている生徒であり、Sさんの音楽学校生活がものの見事に崩壊してしまう結果と相成ってしまう。
このY田は成績が優秀で、常に96期生徒のリーダー格、同期生の何人かは彼女を慕っていた。

女だけの世界

夜には、SさんとY田の2204号の部屋に、毎日のように十数名が集まってはその日の反省会といいつつ、楽しくおしゃべりし、ワイワイガヤガヤと夜を過ごしていた。

当然ながらその騒々しさに同室のSさんは眠ることもできずに、日々つらく暮らしていたが、あるときを境に4階の2405号室（R丸・S藤の部屋）に行き、そこで寝ていたという。当時はSさんとR丸、S藤とはけっこうなんでもしゃべれる友達関係を築いていた。

Sさんの2204号室のふたりのベッドに、多いときは7人もの生徒が寝ていたという。ひとつのベッドに3人以上が重なって寝ていたりするものだから、昔からうわさがあった「タカラヅカの乙女の園＝レズビアンの花園」は、実はこういうところから生まれているのが現状だ。決してうわさの域ではないであろう。

Sさんの部屋ではこれらのいきさつがあったものだから、この部屋にやって来たほかの生徒たちは自分の持ち物のドライヤーや化粧水、下着類などを持ち寄っていたので、時には持ち帰るのを忘れて、そのままSさんの部屋に置いたままになっていたことがしばしばあったのだ。

そしてこれらの物品が後々に盗まれていたものとなって、そのすべてがSさんが盗んだものとなってしまったのである。

他の生徒が持ち寄った物品を盗んだ疑いをかけられたSさんは、6月中旬に2204号室から4階の2407号室に移される。そこは一人部屋である。

例えは悪いが、これではまるで刑務所に入れられた受刑者が所内で問題を起こし、制裁

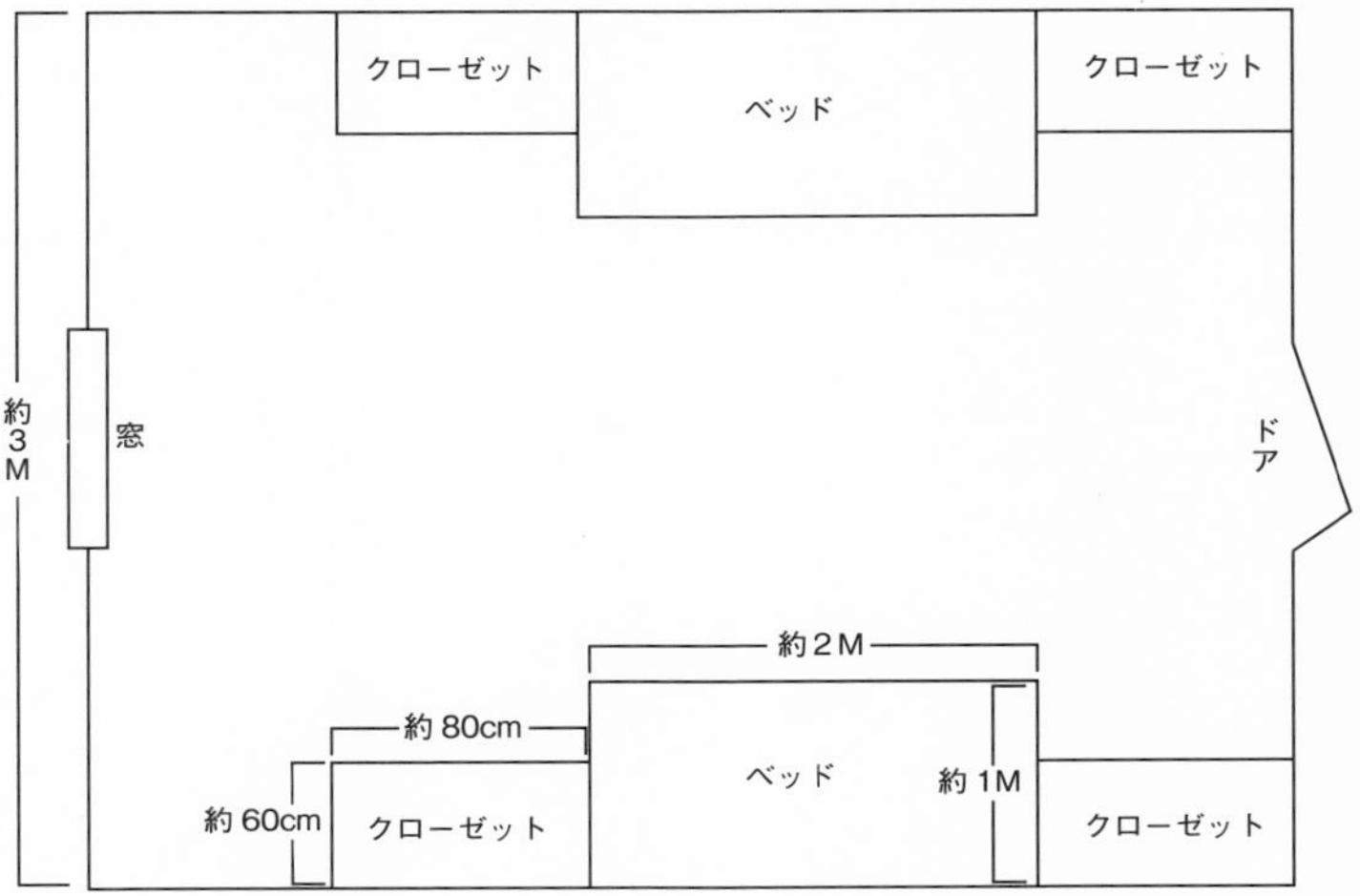

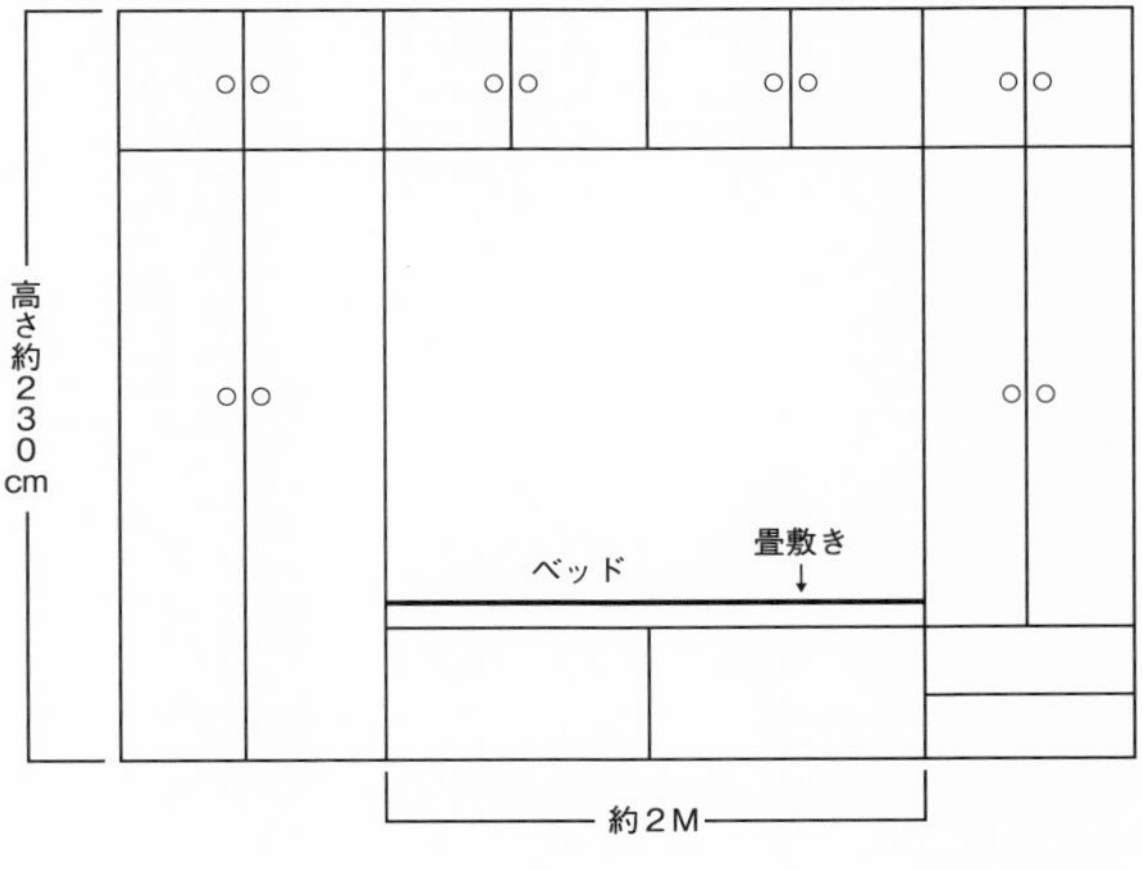

（上）すみれ寮室内間取り図、（下）ベッドクローゼット配置図
このベッドに数人が寝ていたという。なにやら怪しい雰囲気になるのも無理はない。

のため大部屋から独居房に移されるのと同じことではなかろうか。
ほかの友達との会話もできず、同期生との接点が絶たれ、それ以降は孤立無援、楽しくもなんともない学園生活を続けなければならなくなった。

本科生と予科生

音楽学校における先輩＝本科生・後輩＝予科生の関係ではさまざまな指導を承り、時には叱咤され、または激励を受けたりする。予科生に悩みごとがあれば、本科生としては相談ごとに乗ってあげ、解決してあげる。美しき師弟の関係……のはずだ。

本科生と予科生との間で、連絡事項などがあればメールでやりとりをする。それだけに利用している分にはかまわないのだが、ひとたびおかしなことが起こると（正確には本科生を怒らせてしまうと）、とんでもないことが起こるというのだ。

たとえば「あいさつ」ひとつを例にとってみても、そのすさまじさたるや恐ろしいほどだ。本科生と予科生とのやりとりで、本科生に対してあいさつをするところが間違っていたとする。「ここはあいさつをするところではない」と本科生に怒られると、予科生のひとりが、「ゴメンナサイ」をする。

そうするとほかの予科生が、

「私もあいさつしてしまいました。ゴメンナサイ」

するとみんなが、

「私もゴメンナサイ」

「私もゴメンナサイ」…………

「私もゴメンナサイ」…………

「私もゴメンナサイ」…………

という、自己反省が延々と続くというのだ。

少女が自分の持っているブログ更新で1日中携帯電話を操作している状態と同じ構図。ひとりが打つと、自分もそれに対して応えていく。1日に多いときで40〜50通、いやそれ以上行われるときもあるという。そんなヒマがあったらと思うが、タカラヅカの世界ではこれがごく普通に展開している。一般の人たちが想像する以上にタカラヅカの上下関係は連帯責任が強いのだ。こういえば聞こえはとてもいい。というよりも、ここではみんな自分というものを出してはいけないのだ。ひとりでも違うことをしたり、ひとりが異議を唱えようものなら、これまでのタカラヅカの歴史が崩壊するようである。

これがタカラヅカの世界観なのだ。

12

96期生でSさんと同じく退学処分となった生徒がいた

いわれのない盗み、虚偽の万引き報告などでSさんが退学に追い込まれた今回の騒動。実は96期生の中でSさんのほかにもうひとり宝塚音楽学校を退学した、いや、Sさんと同じように退学を迫られた生徒がいる。

Wという生徒

「コンビニでSさんが万引きをしていた」と、最初にY田委員に報告をしたWさんだ。Wさんは長野県出身。父親は善光寺宿坊を経営するお坊さんで、このWという苗字はこの地では由緒ある姓名で有名である。

では、なぜそのWさんがSさんと同じように音楽学校を退学させられたのか……。

Wさんは在学中からブログにはまっていた。そのブログの中身はというと……

ブログに貼られた写真

同期生が携帯電話で撮影した生徒たちの写真を大量に貼り付けていた。Wさんが撮影した写真ではなく、同期生が撮ったWさんや仲のいい生徒たちの楽しそうにしている写真をメールでWさんのアドレスに転送されたもの。

写真をブログに貼る、それだけならなんら問題など起ころうはずもないのだが、その写真の内容は、

音楽学校の制服を着た生徒があぐらをかいている

しかも太ももを露に出して……

大きく口をあけてピザ？　を食べようとしている

稽古場での生徒のスナップ

稽古中の苦しそうな顔

などなど……。

これらすべての写真は、これまで門外不出であった宝塚音楽学校内のスナップ写真。し

かも外部には決してもれてはならない、それこそ「秘密の花園」なのである。

宝塚をこよなく愛するファンの人たちにとってはタブー視されている立ち入り禁止区域をこうも簡単にさらけ出されてしまったのだ。

ブログ、大ヒット

このブログは本人曰く、

「妹や数人の同期生たちとの間でやっていた限られたブログで、もちろん第三者に公開するつもりはまったくなかった」

ということだが、こんなに衝撃的な内容はない。

ある意味ではコアなファンは「こんなにオイシイ写真を放っておくのはもったいない」と思ったのであろう。公開するつもりのなかったその第三者によって、ネット上のとある「匿名掲示板」のブログにアドレスが貼り付けられ、誰もが見られるようにされてしまった。

現在のネット社会で警鐘されている構造、そのままを利用されてしまったのだ。

ある日突然、こんなブログを見つけようものなら、当然のごとくみんなが注目し、一気に炎上してしまうのが現在のネット社会。さらに、この事実が音楽学校側にも知られて、宝塚関係者にとっては非常にあわてふためいて、事の重要性にあたふたしたのであろう。

学校側がこの事実を知った平成21年12月3日の翌日にすぐにWさんを自宅待機に処したのだ。自分のところの生徒がブログを作りそのままネット上で公開していることを把握できていなかったこともあるが、音楽学校の理念から逸脱し、しかも音楽学校のイメージを損ねたと、たいそうご立腹された様子。なんともすばやい行動ぶりから、かえってその慌てぶりが滑稽に見えてくる。

同校のHPにWさんへの対応について掲載したことで、さらにWさんのブログの載った掲示板が大炎上。今度は学校側のWさんに対する厳しい処分に、ファンたちが騒ぎだしたのである。

タカラヅカのあるべき姿

純真な気持ちでタカラヅカを応援し続けてきたファンにとって、また、宝塚歌劇団OGたちにとっては、まさに裏切られた格好になったみたいだ。

いままでの宝塚という高い壁を崩された、それまでのイメージを180度変えたものに映ったのだろう。

一般の女子高生の生活実態――友達とプリクラを撮る。ブログをする。ふざけた格好で写真を撮る――を、そのまま宝塚の世界に持ち込んだ現実が許せなかったのだ。さらに絶

Wさんのブログから

対に見せてはいけない、見られてはいけないシーンが公開されたことが彼女らにとっては充分な裏切り行為となったようなのだ。

音楽学校の制服を着てあぐらをかく

大きな口を開けて飲食する

すみれ寮内の施設または部屋の汚さ

などの、宝塚音楽学校生徒としての品のなさを露呈させてしまった行為が断じて許されないのである。

いまのご時世、女子高校生のみんながとは言わないが、たいていはこんなもの。実際にタカラヅカの世界に持ち込まれたことにより、タカラヅカが崩壊しかねないと危惧している。

何十年と続いてきた〝すみれの花園〟を守ってきた者たちはみんな、憂う……。

あるジェンヌOGは、

「やっぱりショックでしたね。私たちの時代も、学校内やすみれ寮のなかではもちろん、みんなと楽しく過ごし、おしゃべりも楽しんできました。でもその姿を外に出してはいけません。根底からイメージが覆ってしまいました。これからはみんな、そういう目で見られてしまいますよね……」

とお嘆きであった。

ファンもいろいろ

実際にそれまで何十年と応援してきた、タカラヅカ一途に追っかけてきたファンの中には、「もう観ません。これを機にファンをやめます」といった者が増えたというのは現実だ。しかし、ちょっと待ってもらいたい。いくらいままでの宝塚のイメージをくつがえす見せてはならないものが表面化したとはいえ、それまでファンとして応援してきたタカラヅカをそんなすぐに捨てされるものなのであろうか。

小生はたしかに、タカラヅカを応援してきたわけでもなく、好きでも嫌いでもないが、この問題は置いといて、自分の応援するタカラヅカの舞台、声援を送ってきたスターを引き続き見守っていけばいい話ではなかろうかと思う。

「そんな単純なものではないですよ」とはタカラヅカファン歴20年の男性。

「たしかにその意見もあるでしょうが、ヅカファンにとってWさんのブログに載っていた写真などは絶対に門外不出のもの。ファンは生徒たちがあんな格好で遊んだりしてることはもちろん承知していますよ。10代の女の子たちですから……タカラヅカに関してはマスコミも取り上げてはならない〝すみれコード〟があるのです。それだけは守っていかないといけない。まあ、Wさんはお気の毒でしたけれども……私みたいにこれからも多くのファンは応援を続けていきますよ」

と語ってくれた。

この〝すみれコード〟というのは決して外に出してはいけない、マスコミが絶対に報道してはいけないものとして存在している。

○タカラジェンヌはもちろん、音楽学校の生徒たちのプライベートの問題。本名や生年月日など

○スターたちの恋愛感情（タカラヅカの場合は当然、レズ関係の問題）

などなど……

Wさんのブログに載った写真なども、このすみれコードの部類に入ってしまうものという見解だった。

被害を受けたのは？

今回のWさんのブログが大騒動となったが、実は96期生の生徒たちには、同じようにミクシィなどネット上のサイトに参加していた者がいたことがわかった。

Wさんだけが退学処分という被害にあったわけだが、この頃の年代にとって、現在のネ

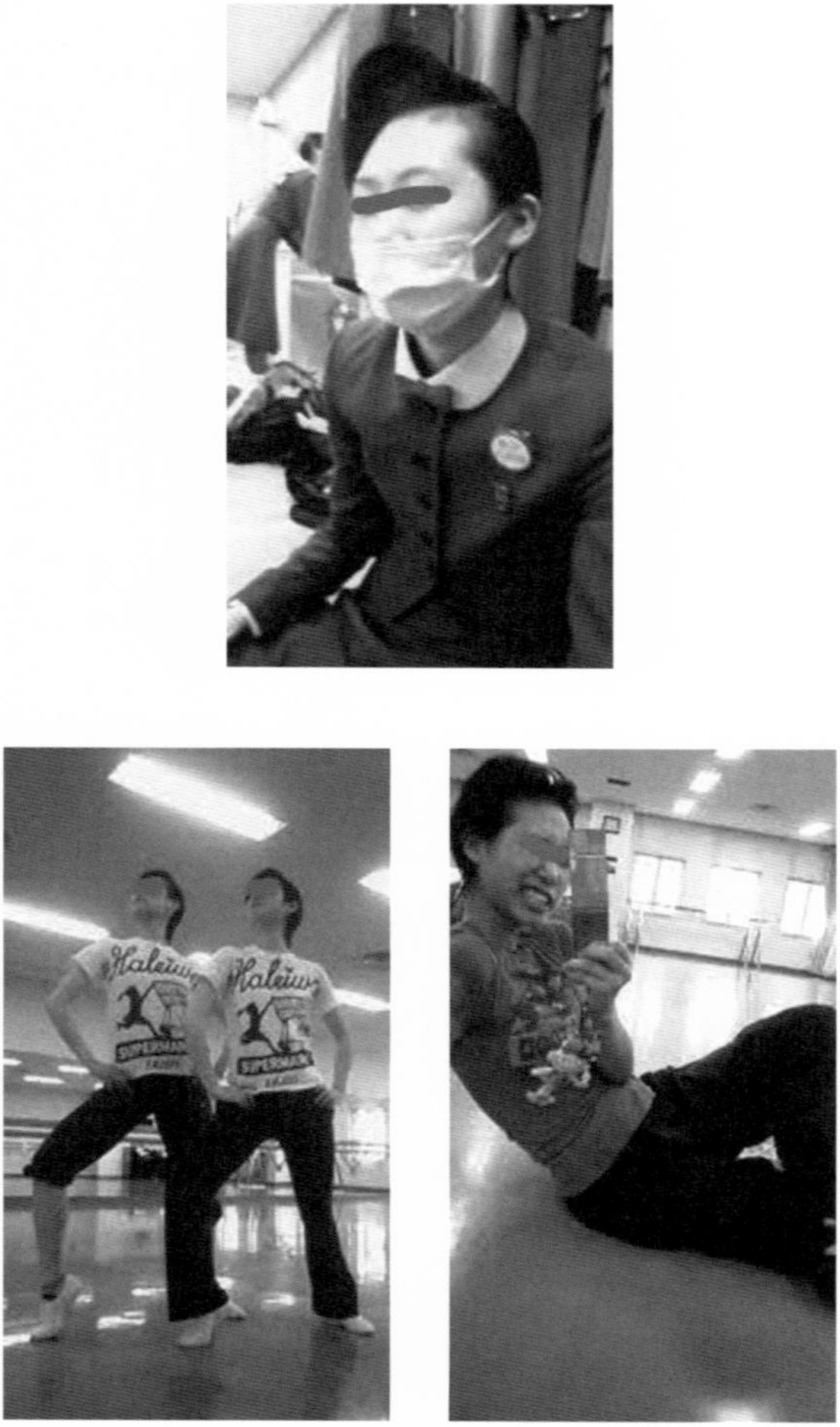

Wさんのブログから

ット社会の中でブログを持つのは当たり前であるのに、無知と言おうか、まったく自分のところの生徒の世代のことがわかってなかったか、音楽学校教職員にとっては晴天の霹靂だったのか、相当面食らった様子だ。それは学校側に限らず、一部のタカラヅカファンにも当てはまる。確かに、衝撃的な内容のブログであったであろう。

ファンにとってタカラヅカの世界は、自分たちにとって都合のいいように神聖化しているのである。その乙女の花園である、美しく、汚れのない純白な世界を汚されたわけである。その内実が公開されたものだから、Wさんに対して相当な怒りをぶつけている。

さらにこのWさんは、ブログの平成21年9月17日の日付のところに、

「Sさんがコンビニですごいこと（万引き）をした。早く早く（学校を）やめてください」

という書き込みをしている。これは万引き騒ぎになったことを書いたものである。そして9月26日の日付には、

「Sはほんとムカツク。もう限界」

と書きこんでいる。これらの書かれた内容から、WさんがSさんに対するいじめの主犯格だという噂が立ち始め、Wさんが集中攻撃にあっている。

しかしWさんもSさん同様に、この時期、精神的に相当限界だったと語っている。

タカラヅカの舞台に立てる日まで96期生がひとりも欠けることなくみな、協力し合って

がんばっていこうと決心していたのに、入学以来相次ぐ盗難の被害が発生し、しかもそのすべてがSさんの仕業だと同期生の多くが決め付けていたことに、自分もそれに乗った形でみんなと同調し、Sさんを責め続けたのが辛かったと語っていた。

父娘そろってお詫び

その件に関しては父親が経営する宿坊のHPにて娘のとった行動に対するお詫び文を掲載し、音楽学校関係者やファンの方々に謝罪した。もちろんSさんに対してもWさんは退学したのちに、東京でWさんと父親がSさん本人、Sさんの母親に会って謝罪している。Sさんからは「(Wからは)イジメを受けたことはなかった」と言葉をもらい、ホッとしていることだろう。

Wさんの父親は当時、学校の保護者会の役員をしていた。学校に対しては一生懸命に協力をしてきたはずであったのに、娘へのこの仕打ち。確かにWさんのブログはほめられたものではなかったが、父親は学校に対してはもうすでに、いい思い出はなかったと言っていたそうだ。

「なんなら私が証人として出ます」

とSさんの弁護士に対しても電話で伝えたという。

Wさんのブログから。後列右から２番目がＳさん

Wさんのブログから

実際に、弁護士はWさんの父親に質問状を出して、それの回答書ももらったそうだ。しかし、学校側は、

「生徒たちのプライバシーに関わる問題なので証拠として採用はしないで欲しい」

と強く反発したため、結局は証拠採用とはならなかった。その中身はというと……とても気になるところだが、封印されてしまっている。

この一連のブログ大騒動により宝塚音楽学校生としては重大なるファンへの裏切り行為ともいうべきことをしでかしたのだから、自宅待機処分は妥当だったかもしれないが、音楽学校上層部のお偉いさん方からしてみれば、なんでもっと早くに気づかなかったのか。相も変わらず、うちの生徒に限ってそんなことをするはずがないとお思いだったのか。

今回のブログの件を知ったのが平成21年12月3日の夕方で、その翌日の4日には自宅待機を通告。20日間謹慎させて、12月24日に退学処分を発表。翌25日にはWさんは自主退学を申し出た。Wさんにとって一生涯忘れることのできない、とんだクリスマスプレゼントとなったわけだ……。

13

ルールを破ってしまったばかりに

ルール

どんな学校でも校則がある。小学校であっても、中学校、高校、大学、そして専門学校でもきちんとした校則はそれぞれで存在する。

宝塚音楽学校の校則は、それはそれは厳しいものと、ある意味では評判となっていた。宝塚のモットーである「清く　正しく　美しく」を守るべく、舞台人としてだけでなく、ひとりの女性として、社会人として教養を高めていく。マナー、礼儀作法を指導する上で厳しいといわれるのはつとに有名であった。

音楽学校の寮である「すみれ寮」にも寮則というのが実に事細かく記されてある。Ｓさんの場合、その細かい寮則のいくつかを違反していたのは事実。

洗濯する際の規則
外出するときのきまり
図書室利用のルール…………

など、Sさんがうっかりしていて規則を破ってしまったものや、わかっていたにもかかわらず、ついやってしまったことなど、その後に裁判沙汰となったことで、Sさん側の落ち度もかなり鮮明になってしまった。だからといってすべての件で「疑われても仕方なし」では終わることができない。

Sさんは確かにルーズな一面があったかもしれない。しかし、そこはみんなでカバーするなりできたはずである。それが同級生であり、仲間なのではなかろうか。

ルールの中でさらに細かいことを拾っていけば、「寮の部屋の窓とカーテンは一緒に開けてはいけない」というのもある。

これは「すみれ寮」の立地条件をご存知の方ならお分かりだと思うが、すみれ寮のすぐそばを阪急電車が走っていて、車両内からすみれ寮の部屋の中が見えることがあるという。のぞこうと思えば見えるらしい。

外からのぞかれないようにということなのだが、このルールもSさんは破ってしまい、かなり激しく注意を受けたという。

お母さんとの束の間の時間も

Sさんが96期生として入学した平成20年の夏に、Sさんの母親M子さんが宝塚を訪れて、久しぶりの母娘水入らずの時間を過ごしていた。M子さんは8月29日から宝塚ホテルに宿泊していて、Sさんはホテルの部屋で母娘の会話を楽しんでいた。このときにも実は寮の規則についてひと悶着があった。

「予科生は必ず寮でお風呂に入らなければならない」

「門限は22時」

8月29日。門限が22時なので、Sさんは寮の外出簿に「22時に帰寮」と書いてすみれ寮を出ている。このお風呂に関する規則はさらに細かく記されていて、「休日の予科生の入浴時間は19時~20時30分」と決まっていた。

そしてこの日、他の同期生はSさんが宝塚ホテルでお母さんと一緒に過ごし、お風呂も入ってきて22時には帰寮するものと認識していた。

だが、この休日の予科生の入浴時間の決まりごとを予科生は誰も知らなかった……。このことがまたしても、Sさんがみなから責められる一因となってしまっている。

寮監の山崎先生も「お母さんとゆっくり過ごしてきてね。私が責任を持ちます」とSさんに伝えている。もちろん学校側とも先生は確認ずみであった。

しかし、20時30分になってもSさんが寮に帰ってこなかったのを本科生が予科生に「指導」した。

ここでの「指導」とは本科生が予科生に対して「これは間違っているから次から正しなさい」ということを伝えるための行為ではなく、上の者（本科生）から下の者（予科生）に対して査問に近い、出来事の反省を厳しく追及していくことで、すみれ寮内では相当きついものだと同期生のひとりは証言している。

この「指導」があって初めて、予科生たちはこの休日の入浴時間についての規則を知ったのだ。

Sさんに寮委員から「いますぐに帰ってくるように」と電話があり、あわててSさんは寮に帰っていったようだ。寮に着いてすぐにSさんは同期生から「あなたのせいで本科生から厳しく言われる」と責め立てている。「規則違反だ」などと夜中まで怒られっぱなしだった。

この寮則での帰寮時間は22時と決まっているが、特例もあって、病院、レッスンを受けて遅くなったとき、劇団生との食事などでは、制服を着用していても22時30分までに帰ってくればよしとされている。

これら寮でのお決まりごとは、本来ならば本科生から予科生へマンツーマンによる指導が行われるのが慣例なのだろうが、この寮則は平成20年に変更された事項が多くなっていて、本科生からの指導も曖昧になってしまっているのが現状となっているようだ。

そんなことは予科生全員が知らなかったことで、Sさんひとりが責め立てられる覚えはないのだ。

元はといえば本科生側に責任があるのでは……、それをさも、予科生全員責任に押し付けて、結局はそれがすべてSさんに行ってしまう負の連鎖となってしまった。

14

その後も不可思議な事象が起こっていく

Sさんにとっては衝撃的な、まったく身に覚えのない「コンビニ万引き事件」。同期生の中でも信頼していた友達がまさか自分を監視しているとは露にも思っていなかったであろう。それでもSさんはなんとか自分の夢＝宝塚の大劇場の舞台に立つことに必死になってがんばっていこうと、悪夢は忘れて授業に、レッスンに明け暮れていた……。

しかし……。

周りはSさんを暖かく見守ってはくれなかった……。

コンビニ事件から1ヶ月後にまたもや不可思議な事柄が頻繁に起こっていく……。

10月20日

『S定の携帯電話がなくなった』

学校内ロッカーでSさんの隣りがS定のロッカー。その間に携帯電話がひとつ置いてあった。

放課後にその携帯電話を見つけたSさんは、本人（S定）に届けてあげようと思い寮に持ち帰った。SさんはS定の携帯電話は自分のものと同じ機種だったので、すぐにS定のものとわかったようだ。

携帯電話をS定に返そうと思い、自分の部屋に置いていた。すぐにS定に渡そうとしていたが、同期生数人がSさんの部屋を捜索に入ってきた。

実はこのときは携帯電話とは別に、寮の冷蔵庫内のアイスクリームがたびたびなくなっていたので「Sさんがやったに違いない」と決め付けられ、食べたあとのゴミを探す名目でいきなりの捜索を受けたものだった。そこで携帯電話を発見されたのだ。

確かに寮に帰ってすぐに携帯電話をS定に返していれば大騒動にならなかったのだ。

しかし、今回はさらにSさんは重大な過ちを犯してしまっていたのだ。

やってはいけないこと

無断でそのS定の携帯電話の中身を見てしまった。

なぜ、人の携帯電話の中身が気になって見てしまったのか……。

コンビニ万引きの件やこれまでの数々の盗難事件はすべてSさんの仕業と勝手に決め付けられて、同期生の中ではSさんに対する締め付けが厳しかった。同期生同士の連絡網のひとつとして活用されているのが「メーリングリスト」であるが、ここでSさんを除いた96期生だけの新たなメーリングリストが作られていた。Sさんひとりを除け者にした、残り全員だけの連絡網だ。Sさんもそのメーリングリストの存在は知っていた。やはり自分だけが除かれたメーリングリストにはなにが書かれているのか、絶対に自分のことをあれこれと言われているに違いない、自分の悪口もきっと言われているに違いない。どうしてもSさんは気になってしようがなかった。

これは無理もないことであろう。だからといって無断で他人の携帯電話を見てはいけない。そんなことは百も承知でのSさんの行動は非常に悲しくも哀れなことだった。

Sさんは、「なんて馬鹿げたことをしたのかすごく後悔しました」と反省をする。

さらに間の悪いことに、S定の携帯電話の中身を見ていたとき、突然その携帯電話に着信があった。S定の母親からの電話がかかってきたのである。驚いたSさんはすぐに切ってしまい、さらに着信履歴を削除してしまったのだ。

Sさんは「大変なことをしてしまった。それ以降、誰も私のことを信じてもらえなくなったことはすべて自分が悪いんです」と猛省するも遅かった。

ここでS定の携帯電話を見ていたのは、さらにもうひとつのことを確かめたかった。

信頼していたT野先輩

1年目の予科生はひとつ先輩の本科生からいろいろとアドバイスをいただく。Sさんを指導していた本科生は95期生T野先輩だった。

T野先輩はSさんが音楽学校に合格したあとにメッセージ入りのお菓子や熱い激励の手紙を送っていた（Sさんの母親M子さん証言）という。Sさんにとってはなんとも頼りになる先輩であった。

万引き犯にされたり、寮での盗難事件の犯人扱いを受けた際も、T野先輩にいろいろと相談をしたり、アドバイスをもらっていた。

「本科生はみんなあなたを信じているよ。同期生の言うことは気にしないで」

と言われ、Sさんにとって唯一の心強い味方であった。

しかし、そのT野先輩への相談事をなぜか同期生がすべて知っていたのだ。まさに筒抜けであった。T野先輩に愚痴っていた話の内容が同期生に知られ、また同期から「本科生にチクッたな」と怒られる始末。

それでT野先輩に対して不信感が募った。

じつは頼りにしていたT野先輩と今回拾った携帯電話の持ち主のS定は同じ母校の田園調布学園で同級生だったのだ。音楽学校ではT野とS定は先輩後輩の間柄だが実は同じ年。Sさんから T野先輩への悩み事の相談内容はS定に、そしてS定と仲のいい委員のY田に筒抜けになっていたということ。

なんと悲しい事実であろうか。音楽学校で孤立無援だったSさんが唯一信頼していた、心を許していたT野先輩にも裏切られてしまったのである。こんな仕打ちをされてまでよくぞひとりで頑張ってきたことか。Sさんは相当忍耐強い女性なのであろうか。

10月下旬

『図書室の本がなくなっている』

宝塚音楽学校内の図書室に所蔵されている書物が数点なくなっていると報告がなされた。

図書室の本を借りるときは貸し出しノートに名前を記入しなければならない。これはどこの学校内の図書室でも同じこと。誰がどんな本を借りているのか、返却日が過ぎていても誰のもとにその書物があるのか一目でわかるようになっている。

Sさんはこのときも本を借りるのに貸し出しノートに名前を記入しなかった。悪いことはたびたび重なるものだが、Sさんは当時、図書係の役に就いていた。図書係にもかかわらず、無記名で本を借りてしまった。

これまでに寮内で物品がなくなった、盗まれたといった騒ぎでことごとくSさんが疑われ続けて、犯人に仕立て上げられてきたいきさつから、今回も当然のごとくSさんが本を盗んだと言われてしまう。

Sさんは自分のかばんの中身を広げられて調べられた結果、本が出てきたのである。

「やっぱり、本を盗んだのはあなたね」

と言ったか言わなかったか……。かばんから本が出てきた事実で、図書室の書物を盗んだ犯人扱いを受けたのである。

たしかに図書室から本がなくなっている。その本がSさんのかばんに入っているのは当然。盗んだのではなくあくまで無記名で借りてしまっただけのこと。なにも盗人扱いまでされなくてもいいようなものだが……。

しかし間の悪いことがこうも続くとは、Sさんもよっぽど運がないというか。この何ヶ月は不幸な出来事の連続であった。もちろんSさんのとってきたよくない行動は弁解の余地があろうはずはないのだが、今回は証拠となった書物が見つかってあっけなく御用となってしまった。

このとき、寮委員を含む6人の同期生たちがSさんの部屋を捜索したわけだが、今回もはじめからSさんが書物を盗んだ前提のもとでの捜索だったことが問題視される。

そのすべてがSさんに

結局、Sさんら96期生が平成20年4月に宝塚音楽学校に入学してから、すみれ寮内で盗難騒動があり、盗まれた品物として挙げられたものは、

ドライヤー、ボイスレコーダー、MDテープ、シャープペンシル、ハンガー、ジェル、ダンス用のファンデーション、日焼け止め化粧水、ステテコ、ブラジャー、スパッツ、バレエタイツ、レオタード、袴下黒帯、髪止めゴムひも、洗濯用ネット、食券などなど……

これらすべてがSさんの仕業とされてしまった………。

15 「精神科を受診しろ」と言われ……

深夜のコール

7月初旬、Sさんは母親のM子さんに電話をかけた。しかも夜中に……。

Sさんは先生から、

「盗みをやっていないか？　神に誓ってやっていないと言えるか？　精神科に行け（診てもらえ）」

と言われたというのである。

R丸のドライヤーを使っていた件や、なくなったとされる同期生の物品の数々がSさんの部屋から大量に出てきたあと、Sさんは6月下旬に二人部屋から一人部屋に移された。

当時は部屋の電気はつけずに机の蛍光灯だけつけて過ごしていたという。

それほどまでに追い詰められていた少女の精神状態を学校側はどう思うのか。

Sさんの口から出た言葉

R丸のドライヤーを盗って勝手に使用していた（6月15日）とされた件で、同期生を前にして、

「自分は中学生のときに他人のものを勝手に使ったりして、精神科に診てもらったことがある」

と言い放ったが、そのときはあくまでその場をなんとか切り抜けたいがために言ったウソである。Sさんからの発言を聞いた同期生がそのまま学校側に報告し、それを学校側がそのまま鵜呑みをしているだけで、ことあるごとに「お前は悪だ」と決めつけ（もう一度）「精神科で受診しろ」とは教職員が生徒に対して言う言葉であろうか。

専門家に受診する

実際に修学旅行中、Sさんは旅行には参加せず、盛岡市のAカウンセリングルームにて相談し、専門家に診てもらっている。

M子さんが、「旅行に行かせていたら、その先々でまた、（娘が同期生たちに）なにかや

られてしまうと想像したから、親としては参加させませんでした」として、実家に帰省させていた。その間に受診したのだ。

結果、多重人格症、解離性障害などもまったくなしの診察結果だった。なんら問題なしである。

中学時代のSさんは

またSさんが言わされてしまった「中学時代に精神科を受けた」という件で、盛岡市M中学1年生当時の担任のK先生（特設陸上部で3年間教えてもらう）に「中学校時代にはそのような事実（精神科受診）はない」と確認してもらい、さらに、中学2、3年時の担任だったH田先生が証人となった。

H田先生

そこで、

「Sさんは明るく誠実で、なにごとに対しても一生懸命に取り組む生徒だった。正義感のある行動で学級議長を務めるほど。宝塚音楽学校で言われている、人のものを盗るとか、他人のものが自分のカバンの中に入っていたといったことなどの問題行動は、一切ないです」

と証言している。

H田先生はSさんが中学卒業後、高校進学までは知っていたが、宝塚に行ったことは新聞報道で知ったという。しかし、

「今回の大騒動はどうなっているのかが判らない。いわれもない中傷を受けていたなんてまったく知らなかった。彼女（Sさん）のために自分が力になれれば」

と思い証人になっているのだ。自分の教え子がこんな酷い目にあっているのを聞くと居ても立ってもいられなかったことだろう。さらにSさん宛に励ましの手紙も送っているという。

同じ教職に就きながらもこの差はなんだろうか……。

16

96期生生徒はいろいろなのがいる

96期生……

Sさんの同期の中にはいろんな生徒がいる。

Wさん

Sさん同様に退学となったWさん。彼女は自分のブログが大炎上し、さらに書き込まれていた内容が問題だった（詳しくは12項）ために、自主退学を迫られた、いわば強制退学に等しい処分を受けた生徒。

Y田

96期生の中では成績優秀。入学してすぐに前期の一番手委員に選ばれた。音楽学校の入試の面接で委員がすでに決められるという話がある。

M原

準ミス日本に選ばれた美貌の持ち主。ブログには水着姿の写真を多数掲載していた。

N村

モーニング娘。のオーディションを受けて合格しているカワイイ系。

N松

Y田同様に成績が優秀で前期試験の成績が上位だったので後期の一番手委員に選ばれた。

Sさんが修学旅行を欠席し岩手に帰ったときにメモを手渡している。

その中身は、

「規則を守ってね」

で始まり、

「外でしゃべってはいけない」

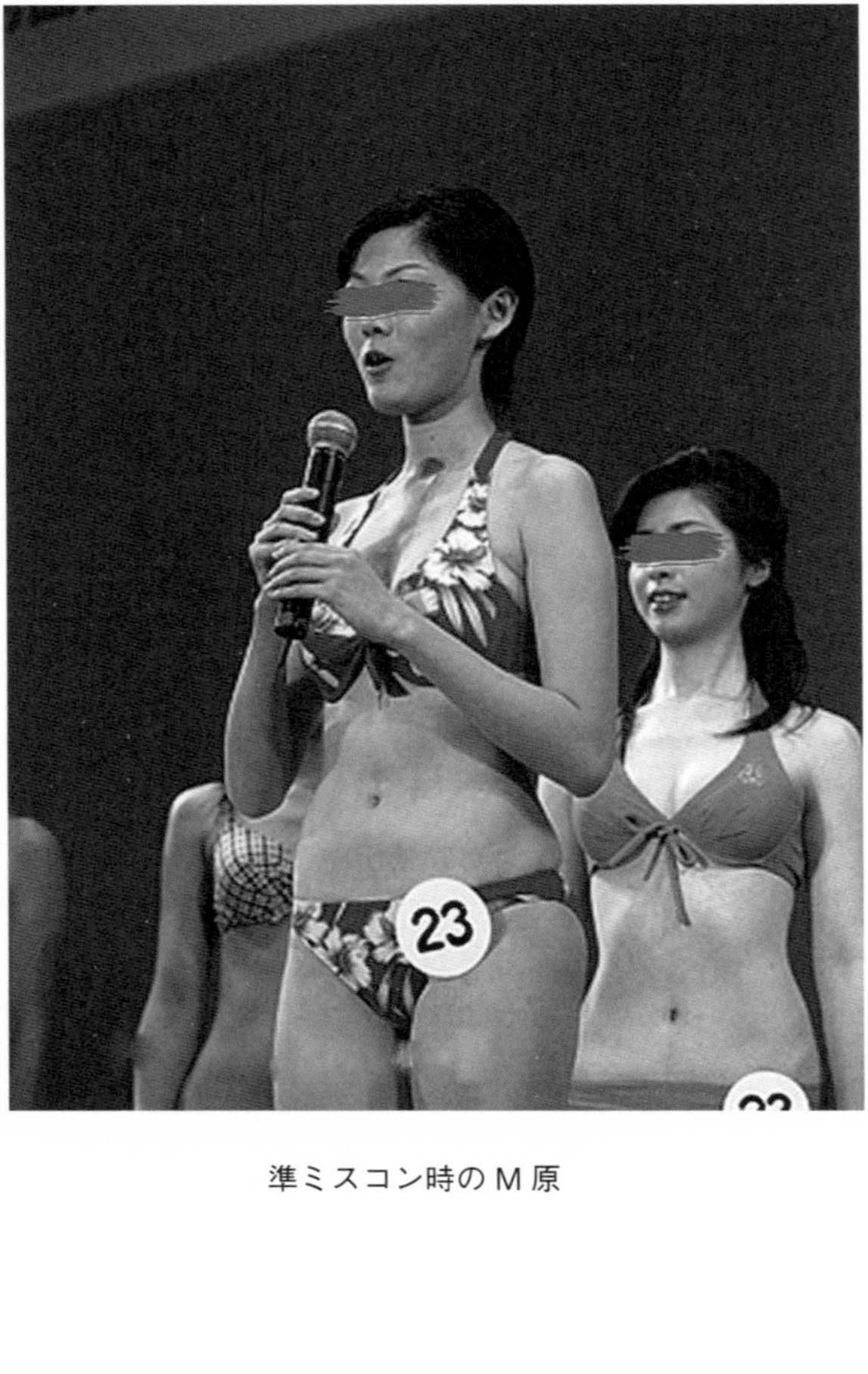

準ミスコン時のＭ原

「お店に入ってはいけない」

「外食をしてはいけない」

「新幹線、飛行機内では寝てはいけない」

「車内、機内では音楽を聞いてはいけない」

「車内で雑誌、本を読んではいけない」

「もちろん携帯電話もいけない」

の、「いけない」オンパレード。これはメモ書きの表側に書かれてあって、その裏側には、「岩手に着いても絶対守ってください。気をゆるめていいのは『ただいま』と家に入ってから。特に盛岡ではあなたは有名人です。これ以上、悪名を売らないで……」

とあったそうだ。親切心からと思われるが、大きなお世話だという感もある。

K南

彼女はSさんとは仲がとても良く、盗難事件があってSさんが疑われているときもSさんを責める感情はまったくなかったという。とにかく、96期生全員で宝塚大劇場の初舞台を踏みたいと切に願っていたそうだ。

Sさんが盗難事件の犯人に仕立て上げられたとき、Sさんは「みんなで私を見ていて欲

すみれ募金時の 96 期生（2009 年 11 月 8 日）

しい。自分もがんばる」と言ったので、みんなでSさんを見守っていこうと決めた。

Sさんが「自分の親にもきちんと言う」と言ったので、みんなの前で親に電話をするも「つながらない」と言ったり、携帯電話をカチャカチャいじっていた。結局、Sさんが電話をかける前に、母親に「これから電話をするけど出ないで」とメールを打っていたようだ。

そこで、いままでSさんがみんなの前で言ったこととやっていることのギャップがK南は許せなかったらしく、考えるよりも先につい、手が出てしまった。そう、Sさんの頬に平手打ちをかましたのだ。

17 いじめはヅカの世界では当たり前？

今回のようなイジメの問題は、表面化こそしていないが、過去にも多数あったことは事実だ。

舞台上でのお芝居で着るきらびやかな衣装やドレス、それに合わせたシューズなどがある特定のジェンヌのそれがなくなったり、紐が切れていたり、最悪のケースではドレスに切れ目が入れてあったというのを何度も見たという（歌劇団に出入りしていた衣装担当の元業者）証言を得た。

若いジェンヌの中には上演中にもかかわらず涙が止まらないまま舞台に上がった娘役も見たというから、舞台袖や楽屋でもそれは壮絶な修羅場と化しているのが想像される。

さらにスターも若かりし頃にはけっこうな仕打ち、仕返し、イジメは茶飯事だったと告白している。

古くは小柳ルミ子の例

小柳ルミ子は音楽学校を首席で卒業した優等生。そのままいけば歌劇団でもトップへの道は近かったはずである。しかし小柳は入団して初舞台を踏んだその年に歌手としてスカウトされ退団してしまっている。

その彼女は「自分の衣装の袖に腕を通した際、針が1本刺さっていた。指にその針が刺さり怪我をした」と、その昔週刊誌で告白している。

天海祐希

宝塚史上最速の入団7年目にてトップに就任した天海祐希の場合もそれなりのイジメはあったという。なにせ最速のトップ就任なら、周りの人間や諸先輩の者からしてみれば、面白くないのは当然だろう。しかし、天海の場合は性格からか、イジメを受けても気にしなかったという。「そんなこともあったような……」と告白していた。逆に発奮してさらにがんばっていけたというから、やはりトップに立つ人間はひと回りもふた回りも大きかったということだ。

一番有名なところでは黒木瞳の場合

入団2年目という宝塚歌劇団史上最速で娘役トップの座に座った黒木瞳は、これまた26歳という若さで宝塚史上最年少記録でトップに就いた大地真央の相手役として数々の舞台を成功させたが、同時に数々のイジメを食らっていた。

黒木の場合はなんと相手役の大地のファンからのひどいいやがらせで、楽屋にサンドイッチが送られたが、中には砂が入っていたというから、陰湿この上極まりないものだったようだ。

大地ファンが、みんなで応援すべき大地真央の相手役に対してひどいことをしている。もし、黒木が耐えられなくなって、舞台を降り、最悪退団にでもなってしまえば、困るのは大地のほうではないのだろうか。それとも最初から大地の相手役として黒木を認めていなかったことなのか……。

イジメにあったことを黒木が告白したものだから、歌劇団内部ではさらなるバッシングを受けたという。

贈り物といえば、楽屋には他にもかみそりや、わら人形もざらにあったという。

ファンからのいやがらせだけでなく、同じジェンヌ同士のいやがらせやイジメもよくあるようだ。

トップにまでいってないジェンヌの中でも靴を隠されたり、ドレスを破かれていたりというのは表面化しないものの、少なくないそうだ。

そういえば黒木の場合も宝塚の世界に入ったのは高校卒業後だが、バレエや声楽は試験前にやった程度で、舞台も数回しか観ていなかったらしい。それでスターの位置まで上りつめたのだから、それはそれで恐ろしい女の妬みが降りかかってくるのは、この世界では当たり前といえば当たり前なのであろう。

Sさんの場合も黒木のそれと同様だった。しかし、Sさんはまだ音楽学校生のまま。舞台にまだ上がっていない学生の時分にこのような陰惨なイジメを受けるのだから、逆の意味で、このときから96期生の中で顔、容姿、踊りなどにおいて群を抜いていたのであろう。

それに対する仕打ち、妬みが集中したということか。

恐ろしや、恐ろしや……。

18　そしてやってきた強制執行の朝

平成20年11月8日の朝

なんのまえぶれもなく、いきなり執行のときがやって来た。

Sさんはいつものとおりに寮を出て、学校に着いた。同期生たちからかなりの、執拗ないじめを受け続けるも、あこがれのタカラヅカの舞台に立つまではじっとガマンを重ねてこの日まで頑張ってきた。たとえ、ひとりぼっちでも、たとえ、演劇の実習で組む相手がいなくても、Sさんは黙って、頑張ってやって来たのだ。

午前8時30分。教室にいたSさんは、今西副校長・樫原事務長・藤井事務職員に呼ばれた。Sさんは目の前で、

○TV取材の件（これは解決済み）

○窃盗の件（Sさんは否認している）

など6項目が書かれた書類を読み上げられた。そして「自宅待機」を命じられたのだ。Sさんはなにがどうなっているのか、なぜいま自分に告げられているのか、まったくわけがわからなかった。いまの自分が置かれている状況を飲み込めなかったのだ。

「どうして？」

と問いただすも眼前の3人は「文面どおり」としか返答しなかった。

「必要なものだけを持つように」

と連れ去られるごとく、半ば無理矢理に近い形で教室から出されたのである。

それも授業中にもかかわらずである。なぜ放課後ではいけないのか。授業中であろうがおかまいなしの学校側のこの態度には大いに疑問がわく。

宝塚音楽学校は他の学校と違って特別な授業がたくさんある。生徒もそれを受けるためにここまで苦労をしてきたのだ。それなのに、一方的に中断させてまでする行為か？　Sさん側の弁護士は怒りが収まらない。

ひとりで実家へ

その日の午前10時55分伊丹空港発いわて花巻空港行きの飛行機に乗るために、Sさんは藤井職員と女性職員に連れられてタクシーに押し込められて学校を後にした。

Sさんは出る際に今西副校長から「すぐにもどすから」と言われたため、その言葉を信じ、荷物類をほとんど持ち出さずに飛行機に飛び乗ったという。慌てていて、というよりは慌てさせられて、考える余裕すら与えられずに、いきなりの帰宅となったものだから……。

自宅待機であるから、家にいるとき練習できるように教科書や楽譜なども本来なら持ち出せたであろう。しかし、今回の場合、いきなりの連れ去りでそれらすべてを学校や、寮に置いてきたままであった。そしてなによりもSさんはバレエシューズを置いてきたことをすごく後悔したという。これこそ未来のタカラジェンヌを目指す乙女にとっては肌身離さず持っておきたい大事なものなのである。「少ししたら学校へもどれる」「ほんの少しのガマンだ」と自分に言いきかせて、その日が来るのを待っていた。

学校が突きつけた項目

Sさんが眼前で読まれた文書は次のとおり。
①夏休みの期間中に学校に無断で取材を受けた（OG園井恵子64回忌法要出席）
②コンビニエンスストアで五目おにぎり、ファンタオレンジをレジで支払いをせずに自分の紙袋に入れたことは否定しがたい（9月17日の件）

③大劇場で財布を拾った件。その財布を届けずに9日間も放置したことは不適切（10月12日）

④携帯電話の件。持ち主に無断でメールの内容を見た。さらに、持ち主の親からかかってきた電話やメールの着信履歴を消した行為は不適切

⑤Sさんの部屋から同期生のなくなった物品が多数発見された

⑥生徒共用のヘアスプレーを自分のかばんに入れた

という内容であった。

Sさんを強制的に自宅待機させるためにこの日の朝（11月8日）に学校側からSさん実家に電話を入れたが、「文書を郵送する」と伝えただけで終わっている。

一方、これらの6項目からなる学校側の文書にSさんの両親は、

①学校側の許可なしに法要に出席した間違いは認めている。それに対して反省文を提出している

②万引きの事実はない。それよりも、この件の捜査という名目で、女性職員の立会いもなしに、男性が娘の部屋に侵入し写真を撮る行為はどうなのか

③娘のとった行動は適切とはいえないが、拾得物領得罪に問われていない

④Sさん、両親ともに不適切な行為と認める。（ただ、娘を除いたメーリングリストで

のいじめ計画を知りたい。95期生のT野さんだけに相談していた内容を同期に知られていた事実を確かめたかった)
⑤それらすべての盗難にはかかわっていない
⑥スプレーがかばんに入ったのも不注意によるものと反論した。

学校側から指摘されたこれら6つの条項に対して、Sさんがとった行動で非は非と認めた上で、盗難なり、窃盗なりに関する事項に対して断固、学校側に抗議する強い気持ちをぶつけていった。

しかし、音楽学校側は両親からの抗議とも取れる意見書など見向きもせずに、というよりも、まったく無視した形で、とうとう最悪の結論を提出したのだ。

19

ついに出された退学処分通知書

音楽学校側からSさんに対してついに退学処分の通知書が出された。

これまでの数々の寮内での盗難事件、コンビニで万引きを見た件、大劇場でお客さんの財布を盗んだとされる件などからSさんに対する処分が下されたのだ。

平成20年11月22日

音楽学校側はSさんに対して「第1次退学処分通知書」を送りつけた。第1次ということはこの後も出されたわけである。詳細はまた記すとしよう。

その第1次通知書には退学の理由として、

「宝塚音楽学校学則26条、27条1項1号および6号により」

と記されていた。

学則を見ると、

学則26条

本校の懲戒は次の通りとする。

1、譴責　2、謹慎　3、停学　4、不進級　5、退学

学則27条

次の項に該当する者に前条に定める懲戒を加えることがある。

1、操行不良で改善の見込みが薄いと認めた者　（中略）　6、その他本学則の定めに反する者

とある。

今回の出された退学通知書は、11月17日に同校で職員会議が開かれ、そこで退学処分が決定されたという。

その会議には理事長兼校長であった小林公平（故人）を議長とし、今西正子副校長、藤井課長、神田課長など9名が席に就き、多数決で退学処分が決定したという。

これに対して当然、Sさんの弁護側としては猛烈に抗議する。
○退学処分になった事由に対しては事実誤認である
○目的違反、他事考慮による裁量権の逸脱
○適正手続き違反（Sさんの言い分を公平に聞かず、Sさんの部屋に男性職員がなかば強引に踏み込み写真撮影をしたなど）
○盗難やコンビニ事件などなんら証拠はない
などからSさんの退学処分は無効であると主張する。

Sさん側は、平成20年12月22日神戸地方裁判所に、11月22日付の音楽学校側の退学処分を無効とし地位確認を求める、「仮処分命令申立」を行った。こうして、激動の平成20年が終わる。

光が一瞬放ったようだが

そして、年が変わって平成21年1月6日。神戸地裁からSさんにとってうれしい知らせが入った。

Sさん側の仮処分申立が相当と認められた。「Sさんを音楽学校の生徒として認める」

という仮処分が決定したのだ。

しかし、Sさんはじめ、両親や弁護士がほっとしたのもつかの間、音楽学校側は新たな手を打ってきたのだ。

なんと、第2次の退学処分通知書を送付してきたのだ（1月17日付）。

神戸地裁からの生徒の地位を認める仮処分決定や、Sさん側からの意見書の内容をまったく踏まえずに改めて退学処分にしたというから、どうしてそこまで……と、Sさん側はさらに怒りが沸点に達してしまった。

この2回目退学処分決定に際しては、

○大劇場で拾った財布に関して、違法な所持または窃盗と判断した

○原告（Sさん）が寮を出た後に部屋やロッカーから他の生徒の持ち物が発見された。

これらのことは窃盗を行ったものと判断の2項目が付け加えられたのである。

音楽学校側が2回目の退学処分を下したのは、1回目に加えてそれ以降の判明した事実を付け加えて処分を出せば、仮処分決定の効力が及ばないとでも考えたのか？

再び音楽学校側の主張

「コンビニでの万引き、大劇場での観劇の際、隣りの観客の財布を持ち帰る、他の生徒の持ち物を長期間保有したことなど他の生徒から充分に事情聴取をし、裏付けを取った。原告（Sさん）によって他の生徒たちはいわれのない誹謗中傷を受けた。そして、音楽学校の伝統と信頼を破壊した。各関係者達へ重大な悪影響を与えたなど、これらのことは断じて許されない」

ということらしい。

しかし、少し待って考え直してもらいたい。というのも、コンビニの件・大劇場での件・他の生徒の持ち物がSさんの部屋から見つかった件など、そのどれもが決定的な証拠がなかったのである。そのどれもが同期生の証言をそのまま鵜呑みにしただけのこと。なんの確たる証拠物なしで、よくも退学処分までもってこれたものだ。どうしてひとりの生徒をそこまで追い込むのか、理解に苦しむ。学校側が逆に追い込まれているようなもがきとしか思われない。

ある意味、よくもまあ、ここまでするか？　と関心させられる。

20　Sさんの母親M子さんが行動に出る

Sさんの母親のM子さんは、娘が学校で同期生たちから執拗なイジメを受けているということをSさんの口から告げられて、相当ショックを受けたであろう。が、しかし、相手はなにせ宝塚音楽学校。まして娘が夢を追いかけて、なんとか自分の手で華のタカラヅカの舞台に立つという大きな希望に向かってがんばっている姿を見て、「なんとかして夢をかなえさせてあげよう」と思うのは親としては当たり前のことである。

あまり表沙汰にならないように、少しでも娘にも、音楽学校側にも不利な状況にはならないように、なんとか秘密裏に解決できないものかと懸命に努力されてきた。

「生徒が同期生にイジメにあっている」なんてことが外部に漏れようものなら、格好の週刊誌のネタになってしまい、連日追いかけられるであろう。それこそSさんは違う意味で有名人となってしまう。
また、音楽学校も世間の冷たい風を受け、どちらにとっても悪影響を及ぼすに違いないであろう。母親としては非常に悩まれたに違いない。

なんとかして娘を守りたい……

音楽学校側に何度も、何度もお願いや、イジメに対する対処や、改善を要求していった。しかし、学校側の対応はそれはそれはひどいものの連続であった。

具体策としての対応が決して満足のできるものではなかったのである。それどころか、あらぬ疑いをさらに輪をかけてSさんに振りかけていき、ますますSさんを窮地に追い込むやり方に、とうとう母親のM子さんがガマンに耐えきれず、弁護士と相談の結果、裁判所に訴える形となったわけだ。

Sさんがあらゆる物品を盗んだ犯人として決め付けられたとき、Sさんの部屋を捜索する間ずっと委員たちがSさんを別の部屋から一歩も出られないように監禁（Sさんを部屋にもどしたら証拠の品物の隠滅を図るであろうと思い）し、交代でSさんのことを見張っていた。その後も本科生と予科生との話し合いの場にさえも出席できないように仕向けた。これらのことを娘から直に聞いたM子さんは、電話で寮監職員に「娘の様子を見てほしい」

Sさんの母親M子さんの会見（2010年7月14日）

と願うも改善されなかった。

ときには「子供人権110番」にも電話をして、なにかいいアドバイスでもいただけたらと、わらをもすがる気持ちだった。なんとかして解決したい……。

娘からの電話で

夏のある夜更けにSさんから泣きながら電話がかかってきた。同期生の持ち物などを盗んで無断で使用していたと（このときも）決め付けられた際に、職員から「精神科に行って診てもらえ」「神に誓って盗んでいないと言えるか」と責め立てられた……と。

娘の泣き咽ぶ声を聞いたM子さんは「これはただならぬことだ」と翌朝、音楽学校側に電話を入れた。対応は樫原事務長だったが、小林公平校長（当時）宛にこのときも改善を申し入れた。

「しっかりと事情を聞いていきます」という回答をもらったときは「これでわかっていただいた」とM子さんはホッとしたと供述している。その言葉を聞いて、正直安心したことだろう。しかし、というかやはりともいおうか、案の定、口先だけの返答でなにひとつ改善どころか、さらなるひどい仕打ちをされる現状が繰り返されていくだけだった。

Sさんは「裁判沙汰には、してほしくなかった」と心境を語っていたが、それはもちろん正直な気持ちではあったであろう。そのことが公にでもなれば変な意味に捉えられてしまい、自分が望むべき姿からかけ離れて、ますます自分の夢が遠ざかってしまうと危惧したからだろう。

お母さん、メモ書きを残す

「自分が耐えて、ガマンをすればすむこと……」

しかし、母親のM子さんにとってはガマンのできる範囲を超えていた。常軌を逸する音楽学校の態度は到底許されるものではなかったのだ。

その後も娘へのイジメや、万引き犯に仕立てあげられたり、そのほかの物品の窃盗犯扱いが続いていたので、M子さんは、娘から来るメールや電話の内容を事細かにメモ書きながら残していった。

あらぬ疑いをかけられ、後に裁判沙汰になったときに、少しでも娘の嫌疑を晴らせるために役立てようと、一言一句漏らさずに書き留めていった。同期生の名前が出たときは実名ですべてを書き残していったのだ。それらすべても裁判記録としてそのまま残されている。

1回目の退学処分通知を受けた（平成20年11月22日）あと、生徒の地位を認める仮処分が決定（翌21年1月6日）。

Sさんの地位を求めるだけならどうも足りないということで、Sさん側の弁護士は「授業を受けることの拒絶はしてはならない」を付け加えたのだ。

Sさん側の訴えが認められた結果、

「Sさんの地位確認と、授業を受けることの拒絶禁止」

が決定したにもかかわらず、音楽学校側は性懲りもなく2回目の退学処分を出してきた（同年1月17日）わけだ。

Sさんが母親と登校する

そのあとにM子さんは娘のSさんを連れて音楽学校に登校している（平成21年2月7日）。登校するにあたってもひと悶着があった。

Sさん側の弁護士は事前に「登校しますよ」と学校側に通告をしていた。このときの模様を岩手のマスコミが、

「密着してSさんと宝塚音楽学校側との闘いのドキュメンタリー番組を作ろう」

と話が進められようとしていた。

しかし、TVクルーが来たとあっては騒ぎがさらに大きくなり学校側が態度を硬化させ

るだろう。そうすれば裁判自体が長引いてしまうおそれがあるとSさん側の弁護士が判断。この企画はなくなった。

そしてその日、Sさんは母親M子さんとともに登校を敢行した。

いつもなら登校時には開け放たれているはずの校門が固く閉ざされていたのだ。しかも、門の中には樫原事務長と音楽学校側の弁護士が立ちはだかっていた。事前に登校をすると通知を受けていたために職員たちがピケを張り入門を拒絶したのだ。そして校門をはさんでSさん側と学校側が「入れてください」「入るな」の押し問答になったという。なんと学校側の大人気ない行動か。

この登校する前の段階で、Sさん側弁護士は96期生の生徒の親宛にダイレクトメールを送っていた。

その通達は、

「このまま裁判が長引けば、生徒さんが証人になったりして裁判所に行くことも考えられる。世間からの風当たりも強くなり、娘さん方の将来にもかかわるので保護者側もよく考えて学校側に復学を認めるようにお願いします。理解してください」

という内容だった。

しかし、その願いもむなしく保護者会では復学に反対することで一致してしまったようだ。

裁判所の仮処分が決定しているにもかかわらず、学校側は、

「父兄会でSさんが学校に通うことについて問題提起を行った結果、入校拒否に賛成した意見が多かったので」

として登校を拒否したわけだ。裁判所が下した結果をなんと心得るのか。日本の司法もなめられたもので、裁判所側を怒らせたのも事実であったろう。

だが、一番怒っているのはSさんの両親である。ここまできたにもかかわらず、裁判所が出した仮処分決定（Sさんの地位確認、授業を受けることの拒絶禁止）を無視した学校側の態度に対して、両親は弁護士と相談の結果、登校拒否を受けた3日後の2月10日、仮処分決定の履行を促すべく間接強制（学校側が登校拒絶した場合、1日につき1万円支払え）を申し立てた。

21

裁判所側の判断理由は

音楽学校側の退学処分決定に対し、Sさん側の仮処分申立を認める決定を下した神戸地裁と大阪高裁の判断は次のとおりである。

『無許可でOG法要出席、取材を受けた件』
◎神戸地裁：反省文を出しているので、退学処分の理由とまでするのは困難である
◎大阪高裁：重大な懲戒処分の理由にするのは不相当

『同期生がコンビニで万引きを目撃した件』
◎神戸地裁：同期生に内緒で、単独で万引き行為に及ぶのは奇異である。音楽学校側が

同期生の陳述を複数挙げるも、客観的な疎明とは言い難い。ファンタオレンジもコンビニの商品だったと裏付ける疎明はない

◎大阪高裁：陳述書、聴取書のみで事実関係を認めるには足りない

『大劇場で客の財布を盗んだとされる件』

◎神戸地裁：観劇中に底が深く他のものも多く入っていたカバンから財布を抜き取るのは困難。この観客も自分が財布をカバンに入れ損なったと考えている。ただし9日間も財布を放置したことに関しては正当化する事情ではない

◎大阪高裁：音楽学校側の聞取書が不正確であった

ということで、音楽学校側から挙げてきたどの項目に関しても学校側の言い分はすべて通らなかったのだ。

当たり前といえば当たり前で、これらの裁判記録を閲覧してみて、こんな理不尽な言い分が通るとでも思ったのか、素人目に見ても理解に苦しむ。

22　いよいよ本訴へ

音楽学校の対抗

Sさん側が退学処分を受けたあと仮処分申立をするに至ったあと、音楽学校側はあらゆる方法で対抗してきたという。

仮処分決定を受けたあと、学校側が2回目の退学処分を通知。それに対する2回目の仮処分の申立もSさんの言い分を認め決定（平成21年1月29日）し、「Sさんの地位確認と授業を受けることの拒絶禁止」が決まった。

Sさん側の弁護士がさらに学校側に経済的打撃を与える意味で起こした「学校側がSさんの登校を拒絶すれば、1日につき1万円支払え」という間接強制申立も、認容決定（同年3月11日）されたにもかかわらず、学校側は今度は大阪高裁に仮処分認可決定に対する

「保全抗告申立」（同年4月15日）に打って出たのだ。

登校拒否を続けて1日に1万円払う約束は満額でたったの220万円である。Sさんにとって申し訳ないが、音楽学校側にすれば、たかが220万という数字だと思われる。そのたかが220万のはずが、学校側は約半年分の112万円を払ったところで、いったんストップしている。

その半年でSさん側が折れて、自主退学してくれて、支払金も半分ですむだろう……、なんて、甘い読みを持ったのかどうか……。

結局、最終的には学校側は満額を支払ったわけだが、そんなくだらないちっぽけな、実に小さい学校側の応対に辟易する。

裁判所側は、

「音楽学校は教育機関としての姿を成していない」

と批判している。さらには、

「10代の子供たちを預かっているので、やるべきことはきちんとやるべきだ」

と強く、しかもかなり厳しく言っている。

これに対して少しも懲りずに音楽学校側は、

「仮処分はあくまで仮なので、本訴でもって負けた場合は仮処分がなくなる。本訴をや

弁護士と記者会見に臨むM子さん（2010 年 7 月 14 日）

らなければ結局は負けたことになるので仮処分は取り消される」と一気に強気で主張してきた。

法律上はなんら問題のないことで、このことは過去の他の裁判でも実際に行われてきた事例があったという。Sさん側の弁護士は「こういうことにかけては知恵が回ったようだ」と苦笑するも、1ヶ月以内に本訴にしないといままでやってきたことがすべてムダになってしまう可能性があるということで、期限ギリギリに神戸地裁に音楽学校は「起訴命令申立」の訴状を送った。

Sさんは抵抗した

学校側とのやりとりの流れの中で、肝心のSさん本人は本訴を嫌がったのだ。当然といえば当然であろう。本訴にすればマスコミに知れ渡り、後ろ指をさされてしまうかもしれない……ご近所を歩けない……これ以上騒がれたくないという気持ちが強くなったという。

しかし弁護士は、ここまで来た以上は本訴にするしかない状況。学校側の強硬な態度にひるんでいては、いままでの苦労がすべて泡と化すというのだ。

ところが、弁護士がこっそりと訴状を送ったつもりが、司法記者に見つかってしまい、取材攻勢が始まってしまったという。

ここは逆に、訴状を見せなければ憶測で記事を作られると思い、本名や固有名詞を黒く塗りつぶして訴状を記者クラブに送ったという。

マスコミ各社は……

この訴状を受けたマスコミ各社はこぞって取材、報道をしたが、Sさんの地元・岩手県内のマスコミは自重した。

というのも、Sさんが学校に無断で出席した平成20年8月に執り行われたOG園井恵子さん法要を取材した岩手放送は、自分たちが放送した番組がきっかけでSさんに対するイジメに発展し、今回の裁判沙汰になって、Sさんを窮地に追い込んでしまったのではないかと判断し、Sさんに関する裁判をどう報道するか慎重になっていたようだ。

結果、Sさん側に協力をしていこうということで一致したという。常識的といおうか、マスコミの中にも武士の情けをもった社があったということだ。

いよいよ証人登場……

さてこれからという段階で、証人はどうする？ 誰を出す？ というところで音楽学校側はなんと生徒13人を証人として送り込むことがわかったのだ。これにはSさん側原告・弁護士、裁判所も一様に目を疑った。「なんですかこれは?」というくらいの驚きだったという。また、学校側は「すみれ寮」「予科ルーム」「宝塚大劇場」「コンビニエンスストア」などの現場検証を併せて申し立ててきたのだ。

証人でさえ13人、さらに提出してきたこれらの場所すべてで検証をいちいちやっていたら、いつ終わるの? どれくらい時間をかけるわけ? と思うのも当然である。

学校側の抵抗はこんなもの。卑劣な時間延ばしでしか反抗できないのが現状か。

結局は裁判所側が証人は持ち時間制にすることを提案、ひとり何分と決めて行うことが決定し、学校側の提案した生徒13人が証人として出廷した。

23　音楽学校側の言い分

音楽学校側から、教職員として樫原幸英事務長と今西正子副校長が証言台に立った。

音楽学校事務長

樫原事務長は平成19年4月から現職に就いたが、もとはといえば阪急電鉄の社員（現在も）である。

平成3年に同系列の千里国際学園で事務職に就き、平成15年には宝塚歌劇団の制作部でプロデューサーをしていた。すべてが出向という形で職に就いている格好だ。

制作部では主に雪組を担当し、現在でも雪組に対してはコネクションが強いという。

学校を卒業する際に総代を務めた者は劇団に入ったあと、新人公演で主役を張れるといった規定路線はあるものの、事務長の言うことを聞いていれば雪組へ進めてスターへの道を歩む……といった筋もまんざらない話ではないであろう。

退学処分決定まで

さて、今回のSさんの退学処分は退学決定を下す会議があったものだが、最初の会議（平成20年11月17日）では当時の小林公平理事長兼校長をはじめ、副校長や職員など9名が招集されて退学決定がなされた。2度目の退学決定を下す会議には音楽学校の講師の代表も加わったという。しかし、2度の会議とも結局は校長・副校長はじめ学校関係者たちはみな、自分たちの生徒の証言だけを重視しただけのこと。すべて生徒たちの言い分、すなわちなんの証拠をつかむことなしに、それが信憑性のあるなしに関わらず、ただ、聞いただけ。その証言のすべてを信じただけのもの。

その紙に判が押されただけのこと……。

2度の退学処分決定で1回目と2回目の違いはというと、

○1度目の決定処分を言い渡したあとに、寮のSさんの部屋を整理したときに再び他の生徒の品物が出てきた。はかま下の黒帯、さらに後日にはボイスレコーダーなど

○大劇場で拾った財布の持ち主の隣りにSさんが座っていたという証言

というふたつの事実が付け加えられたことから改めて退学処分決定となったものである。

Sさんの部屋を整理した……というくだりがあるが、いかにもSさん了解のもと部屋を調べましたと言ってるように聞こえるが、実際はSさんを無視しての強引な部屋の捜査であった。

大劇場で拾った財布の件は別項でも触れたが、その財布の持ち主のKさんは、

「自分の隣りに座っていたのはSさんではない」

と断言しているのである。それも警察にも証言しているし、音楽学校の樫原事務長にも直接話していることである。文書のやり取りではなく、直に言葉を伝えているにも関わらず、この結果である（文書でのやり取りのほうが良かったか）。

音楽学校側は、Kさんに問いただした結果に対する答えをまったく参考にせず、あくまで自分のところの生徒の証言しか退学決定参考資料に採用しない。

自分のところの人間のほうが信用できるのか……。

内部の人間しか信用できないのか……。

Sさんも同じ生徒である。

Kさんはこの「自分の隣りはSさんではない」と言ったことは間違いない事実で、「こんなことを証拠材料には使わないでほしい」と懇願している。

Sさんは財布を落とした件にはまったく関係がない……。
こう願っていたにもかかわらず、Sさんを退学処分決定にするための理由のひとつに付け加えられたことに、Kさんは大激怒している。
次に証言した今西副校長も滑稽だった。

音楽学校副校長

今西副校長は昭和32年に宝塚歌劇団に入団。葉山三千子という芸名で、芝居が上手いと評判で活躍したジェンヌ。星組組長時代に理事に就任している。専科を経て、平成8年退団後すぐに、音楽学校の副校長に就任した。

その副校長。このお方も樫原事務長同様、結局は同じことを繰り返し言っているのみである。「Sさんが万引きした」「他の生徒の携帯電話を所持していた」を報告で聞いたのみ。

「大劇場での財布の件でSさんは生徒がたくさん観劇しているとか、財布の持ち主のKさんの隣りには他の生徒が座っていたと言ったが、それが誰なのか? と聞いても答えなかった。そして予科生に聞いたら当日に観劇していたのは4名のみと聞きました」

と、事務長同様、それをそのまま鵜呑みにしていた。

「これらいろいろな問題があっては宝塚音楽学校の基本理念に反する。音楽学校の伝統を汚すもので退学処分を下した」

ということだが、

「これらの事実が確定的な事実である」

と、事務長や事務職員から聞いただけである。副校長も事務長とまったく同じ作業をしただけ。「確認作業はした」というが、ここでの「確認作業」とはあくまで生徒たちから話を聞いただけ。何度も、何回も記すが、結局確たる証拠もないままに、話を聞いただけ、それも一方的にSさんにとってすべて不利な言い分をくみ取っただけなのである。

今西副校長が、

「生徒は、何期生であろうが寮で団体生活を送るということは、みながひとつの大家族として住むこと」

と、おっしゃるとおりにしていれば、つらい修行にも耐えて未来のタカラジェンヌに向かって日々精進できるものだが、自分に身に覚えのない出来事、いや、デマと言ってもいい架空の話で、Sさんは奈落に落とされた。

過去に某新聞社のインタビュー記事で、

「後進育成のため、音楽学校のお母さんとしてやっていきたい」

と大きなことを言ってのけたが、今回の件で、ただひとりSさんにとっては、決して優しい「お母さん」とはならなかったようだ。優しくなくとも、せめて守ってくれる強き親であってほしかったものだ。

ちなみに宝塚音楽学校のＨＰの「お知らせ」欄にて、今回のイジメ、Ｓさん退学処分無効の提訴に関してのメッセージを掲載している。


学校元生徒からの提訴に関するマスコミ報道について
学校は事実に基づき、基本理念である「清く　正しく　美しく」の校訓に従って処分を実施いたしました。

（中　略）

一部報道されているようなねつ造の事実はございません。

なお本件は原告が主張されているようないじめの問題はございません。

２００９年11月11日

と、まあいつもながらのワンパターン化したコメントからは、イジメのことに関してはまったく知らぬ存ぜぬで押しとおしている。もう少し、自分たちの言葉というものが発信できないものであろうか。

「初舞台」で退団した小柳ルミ子

大地真央の相手役に抜擢された黒木瞳もイジメられた

春日野八千代から大地真央、黒木瞳、天海祐希……大正2年の創立以来、4300人ものタカラジェンヌを華やかな舞台へ送り出してきた宝塚音楽学校。この学び舎で昨年来起きていたのは、「清く正しく美しく」という校訓とは裏腹の、イジメ退学騒動だった。

宝塚音楽学校を被告とする裁判が神戸地裁に提起されたのは、11月2日のことだった。同校生徒としての地位確認と慰謝料など1000万円の支払いを求めるこの訴訟の原告は、昨年4月に入学した生徒A子さん。20倍以上の難関を突破してタカラジェンヌへの道を歩み始めたはずの彼女に、一体何があったのか? 司法記者が言う。

「訴状によれば、A子さんは入学直後から同期生のイジメを受けるようになり、根拠なく窃盗犯扱いされたり、コンビニで万引きしたと虚偽の告発までされるようになった。学校側はイジメを放置したばかりか、讒言を真に受けて、ついに彼女を退学処分にしてしまった、というんです」

トラブルのきっかけは、40人の同期生を代表する4人の「委員」の一人とA子さんが寮の同室となったことだった。宝塚周辺から通学するごく少数を除き、生徒の大半は「すみれ寮」で共同生活を送っているが、

「予科生(1年生)は、毎朝1時間以上かける校舎の掃除や授業はもちろん、寮での生活全般に亘るまで、本科生(2年生)の厳しい監視と指導を受けています」

と、芸能記者が解説する。

「そこで、予科生は毎晩、委員の部屋で〝話し合い〟と呼ばれる反省会を行い、指導者や本科生からの注意事項を確認したり、意見を交換している。皆、疲れ切っているので、その場で寝てしまう生徒も多いとか」

訴状によれば、A子さんの部屋にも、毎晩十数名の生徒が泊まりがけで集まり、遅くまで話し込んだ。そのため十分に睡眠がとれず、また部屋に来る生徒たちに馴染めなかったA子さんは、5月中旬頃から別の部屋に泊まることが多くなる。こうして一部の同期生との間で生まれた溝が一気に表面化するのは、昨年6月中旬

その日、A子さんが部屋に戻ると、彼女のベッドに段ボール箱1杯分もの「盗難品」が並べられていた。演劇用プリント、ボイスレコーダー、ボディファンデーション、ドライヤー、化粧品、ブラウス、大量の食券……いずれも身に覚えのない品だったが、彼女に窃盗容疑がかけられたのである。その後、彼女は一人部屋に移され、見回りと称する生徒が勝手に入室する状況を甘受せざるを得なかった。

イジメに拍車をかけたのは、A子さん自身のちょっとした落ち度だった。8月下旬、郷里の歌劇団OGの周忌法要に参列した際、彼女は地元テレビ局の取材を受けた。ネットでその映像を観た同期生が、事前許可なくテレビに出たのは「重大な校則違反」と学校に通報。A子さんも非を認めて反省文を提出したが、〝話し合い〟の場で、彼女は連日、「実家に帰って出てくるな」「むかつく」など罵詈雑言を浴びせられるようになった、という。

同じ頃、彼女は些細な連絡ミスを理由に、共用の洗濯機の使用を禁止された。洗濯物は手洗いするしかなかったが、夜の洗濯は「汚い」と言われ、朝5時に起床して、洗濯せざるを得なかった。

9月13日には、予科の部屋で髪の乱れを直そうと共用のスプレーを手に取った際、誤ってカバンの中に取り落としたのを同期生に〝盗難〟と騒がれた。「大量

「宝塚音楽学校」清く正しく美しい「イジメ退学」

宝塚音楽学校（上の写真右）と小林公平理事長。右下は「すみれ寮」

している」という荒唐無稽な〝告発〟で所持品検査を受けたこともあるという。

そして、9月17日には、「学校帰りにA子さんがコンビニで万引きをした」という〈虚偽〉の告発がなされる事態に。学校側は「ファンタオレンジを紙袋に入れるところを見た」といった同期生の話を鵜呑みにする一方、「疑うなら店の防犯カメラを観て下さい」というA子さんの訴えを無視。あまりの仕打ちに泣き出した彼女を、女性副校長が「本当にやっていなかったら(弁明を)言えるんじゃないの」と責めるなど、学校側も彼女を追いつめた。

10月12日、宝塚大劇場で観劇したA子さんは帰り際、劇場入口付近で現金が入っていない財布を発見したが、制服姿で警察に行くことが後で問題化することを恐れ、寮室に持ち帰った。学校側はこの行為をもって「隣の観客から窃取した」と主張するが、訴状はここでも、取らないままデッチ上げた虚偽事実〉だと糾弾する。

他にもこの間、「死ねばいいのに」などの罵詈雑言に加え、英会話などで2人1組を作る際に、みな彼女を避ける、彼女だけを外したメーリングリストが作成され情報が受けられない……など、陰湿なイジメが行われていたという。9月下旬の修学旅行にも、A子さんに参加できなかった。

さらに10月20日の放課後、A子さんは学校のロッカー前に同期生の携帯電話が置き忘れられているのを発見、持ち主に届けようと寮に持ち帰るが、自分を除外したメーリングリストが気になり、つい中を見てしまう。

そして持ち主に渡す前に、突然、彼女の部屋に〝捜索〟に入った同期生に発見されてしまうのだった。

裁判所にも逆らって

〝その時〟は突然訪れた。11月8日、彼女は「自宅待機」を通告され、着の身着のまま強制的に伊丹空港から実家に帰された。前述の「テレビ取材」「万引き疑惑」「財布の窃盗疑惑」「携帯の件」「部屋にあった盗難品」「共用スプレーの件」などを理由に自主退学を迫る学校は、A子さんの両親が異議を唱えると、11月22日付で「退学」を通知した。

「宝塚歌劇団に入れるのは、宝塚音楽学校の卒業生だけ。つまり、退学処分はタカラジェンヌを目指す者にとっては〝死刑宣告〟にも等しいんです」(先の芸能記者)

こうして、すみれの花咲く園のイジメ退学騒動は、舞台を裁判所へと移すことになる。今年1月6日、神戸地裁は生徒としての地位確認を求めるA子さん側の申立を認める仮処分決定を行った。学校側は同月17日付で2回目の退学通知を行ったが、神戸地裁は再びA子さんの地位を確認、彼女

一般大手週刊誌も採り上げた（『週刊新潮』2009年11月19日号）

'10年3月1日、卒業式にAさんの姿はなかった。

競争率20倍を勝ち抜いて入学を果たした宝塚の乙女たち。"清く正しく美しく"とのモットーとは裏腹に、いま進行中の裁判では、泥々の凄いいじめがあったとする証言が次々に飛び出している。親も立ち入り禁止の閉ざされた学舎で何があったのか――

じめ裁判」は凄い！

兵庫県宝塚市の市街地に位置する宝塚音楽学校から徒歩10分のところにある「すみれ寮」。

毎朝7時、グレーの制服姿の女生徒たちは2列の隊列を組み、寮を出発する。髪形はきちんと整髪されたリーゼントか三つ編みのお下げ。全員白い三つ折りソックスをはき、笑い声をあげることもなく黙々と行進を続け学校にはいっていく。タカラジェンヌの卵たちは2年間この学校で学んだ後、宝塚歌劇団への入団が認められる。

3月1日、今年も第96期生38人がこの学舎《まなびや》から巣立っていった。4月中旬にはプロとして初舞台を踏むことになる。

しかし、ともに卒業するはずだった1人の女生徒は、いまも泥沼裁判の渦中にあり、学校と学校側に立つ同期生との闘いを続けている。

4月2日、神戸地方裁判所で初めて証言台に立ったそのAさん（18才）は緊張した面持ちでこう証言した。

「同期が誰も相手にしてくれませんでした……」

170cmを超えるスラリとした長身に、小顔で整った顔立ちが目を引く美人だ。

Aさんは'08年4月、20倍を超える倍率をくぐり抜け、宝塚音楽学校に入学した。しかし、入学のわずか半年後、万引行為などを理由に学校側から退学を通告された。

Aさんは、万引行為などは事実無根として、すぐに神戸地裁に退学取り消しの仮処分を申し立てた。地裁は、'09年1月に退学処分を無効とする決定を出したが、学校側は同月に2度目の退学処分を通知。Aさんは再び退学取り消しの仮処分を申請し、これも認められたにもかかわらず、学校側は「元生徒（Aさんのこと）の主張はねつ造」と退学を取り消さなかった。

その後、1年にわたって話し合いは続いたが、主張は平行線をたどるばかり。そのため、Aさんは訴訟を決意。昨年11月に退学処分の取り消しと1000万円の慰謝料を求める裁判を起こしたのだ。

訴状のなかでAさんは、入学直後から同期生によるイジメがあったと主張している。

このいじめのきっかけについて、Aさんの代理人はこう説明する。

「入学直後の5月ごろ、インターネットのあるサイトで予科生（音楽学校1年生）の中でAさんがいちばんきれいだとの書き込みがあり、それからAさんの洗濯物がゴミ箱に捨てられたりしたそうです」

入学から2か月たった6月中旬、Aさんが寮の自室に戻ると同期生が何人かいて、彼女のベッドの上に「寮内で紛失した」とされる複数の品が並べられていた。それをもってして、Aさんは窃盗を疑われた。

同年8月には、帰省時にAさんが地元テレビ局の取材を受けたため、重大な校則違反を犯したとして同期生から罵詈雑言を浴びる。**「実家へ帰れ」「死ねばいいのに」**という言葉もあったという。

さらに9月には「Aさんが万引をした」と同期生が告発。Aさんは'08年11月に学校側から退学を通知されたという。

裁判で学校側は、いじめの事実はないとし、「処分は正しい」と主張。それを裏付けるためにこの3月18日には、同期生7人が出廷し、証言を行った。

Aさんだけを除いたメーリングリスト

証言台に立った同期生7人は明瞭な口調でAさんの問題点を述べ続けた。

たとえば、ある男役候補の同期生の証言。彼女は自室でリーゼントを作ろうとしたところ、自分のドライヤーがないことに気づいた。探したところ、Aさんの部屋で似たドライヤーを見つけたという。

「自分の部屋で、箱と保証書で型番と製造年を確認しました。（Aの部屋にあるのは）私のド

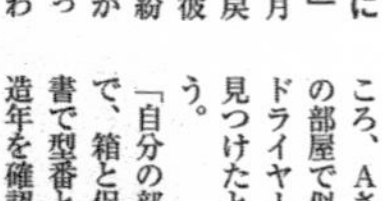

黒木（左）は娘役で大地の相手役だったことから嫉妬の対象に・・・。

学舎で起きていた衝撃事件

女性週刊誌も大きく採り上げた（『女性セブン』2010年4月22日号）

宝塚音楽学校「女の園」

宝塚音楽学校（上）とすみれ寮（下）。

陰惨法廷一部始終

ライヤーと一緒ということがわかりました」

――Aさんは何と答えたか。

学校側の代理人弁護士の質問に、同期生は背筋をピッと伸ばしよどみなく答えていく。

「（Aは）曖昧に答えました。〝誰の?〟と聞くと、〝わからない〟と。（略）〝私のじゃないの?〟と聞くと、最後には〝そう〟とうなずきました」

――それからどうなった?

「Aの了承を得て、部屋の中を探すことになりました」

――何が見つかりましたか?

「私のボディファンデーションが見つかりました。名前が書いてありましたから、私のとわかりました」

一方、Aさんはそれは濡れ衣だと主張している。

2人一室だったAさんの部屋はいつも10人ほどのたまり場になっていたため、自身は他の友人の部屋で寝泊まりすることがほとんどで、たまに部屋へ戻るとAさんのベッドやドレッサーの上に他の同期生たちの泊まり道具が置かれるようになっていたという。

「他の人のドライヤーが自分の部屋のコンセントにつなぎっぱなしになっていたので、慌ただしい朝の準備中のためになにげなく使っているところを盗んだことにされてしまいました」（Aさん）

この〝盗難事件〟をきっかけにAさんはいままでの2人部屋から1人部屋に移された。

そのときのことについてAさんは法廷でこう話している。

「1人部屋に移ってからは、同期が誰も相手にしてくれませんでした。自分の部屋以外の部屋に立ち入ってはいけないといわれました。他の部屋は鍵をかけなければならないけど、私の部屋は〝鍵をかけるな〟といわれました」

さらに、Aさんは同期生全員の〝監視下〟に置かれることになったという。

実は40人の同期生の中でAさんだけを除いたメーリングリストが存在していた。メーリングリストとは、1通メールを送ると、メンバーとなっている全員にそのメールが送られるシステム。そのことについて問われると、証言台の同期生は強い口調で弁明した。

「Aさん本人から〝自分を監視してほしい〟という話があって。本人が気がつかない間にそういうこと（盗みなど）をしていたら、同期生にメールを回して、みんなで見ていてあげようという理由でつくりました」

Aさんへの監視は、本人からの希望だというのだ。

そして、'08年9月17日に起こったというコンビニでの万引騒動でも、双方の証言は大きく食い違った。

学校帰りにAさんと同期生2人がコンビニに行った。

そのときのことを同期生はこう話した。

――学校から一緒についていったのは?

「（別の同期生から）Aさんが万引しているかもわからないから確認してくださいといわれて」

そして一緒にいた2人は、揃ってその日、Aさんが万引したことを証言した。

「（Aさんは）コンビニにはいってすぐ右手の棚で五目おにぎりを取って、カゴに入れてた」

レジで他の商品の精算は済ませたが、おにぎりなど数点がカゴには見当たらず、カバンに入れていたようだという。

これに対し、Aさんは「疑うなら店の防犯カメラを見てください」と主張したが聞き入れられず、9月末からの修学旅行の参加も許可されないまま、11月に退学処分をいい渡された。

この裁判について学校側に問い合わせると、

「一切の取材、コメントはお受けしておりません」

とのことだった。

かつては、黒木瞳（49才）らも同期生の嫉妬を買っていたとインタビューで語っていたが、寮で本当は何が起きているのかは、すみれの花にでも聞くしかない。

「清く正しく美しく」がモットーの

24　突然の和解調停

突然、あっけなく

平成22年7月14日、原告Sさん側と被告宝塚音楽学校側との裁判はあっけなく和解調停となった。

同年7月20日頃に判決が下されるであろうという読みがあって、マスコミやヅカファンたちはその日を待っていたが、その約1週間前に和解調停条項が発表された。内容は次のとおり（あくまで公表可能なものだけ）。

1　被告は原告に対する平成20年11月22日付け退学処分及び平成21年1月17日付け退学処分を撤回する。

2
（1）被告は裁判所の要請に従い、原告が平成22年3月1日付けで被告の卒業資格を取得したことを認める。
（2）被告は原告の必要に応じて、卒業資格を証する書類を原告に送付する。
（3）原告は被告に対し、宝塚歌劇団への入団に必要な手続の履行を求めない。
3　仮処分手続の取下げ

となった。

これに対してSさんのコメントは次のとおり。

「退学処分の取り消し」という望みをようやく認めて頂き、嬉しく思っています。

それと同時に、宝塚の舞台に立つ夢がとうとう叶わなかったことについては、大変残念に思います。

授業でご指導いただいた先生方にお礼を言えないまま学校を去ることも、とても残念です。

音楽学校に対しては、私に対するのと同じような過ちを二度と繰り返してほしくないと思います。

私は、退学処分となったことやその取り消しを求めていることについて、できれば誰にも知らせることなく、誰にも迷惑をかけることのないよう、両親や弁護士の先生と相談して、出来るだけ穏便な方法で解決できればと願っていました。

しかし、結局本訴になり、大きく報道される結果となりました。でも、報道を通じて私のことを知った多くの皆さまから、たくさんの励ましや応援を頂き、心の支えになりました。名前も存じ上げない多くの方々からの温かい文章を読み、いつも励まされてきました。

皆さまからの励ましの言葉は一生の宝物にします。応援してくださった方に心からお礼を申し上げたいと思います。

結果が出た今、私は早く気持ちを切り替えて、宝塚の舞台に代わる新たな夢を探していきたいと思っています。ありがとうございました。

平成22年7月14日　（原文のまま）

なんとも痛々しい、しかし、自分の気持ちを正直になんの偽りもなく堂々と、感謝の気持ちとともに切々と発表したSさん。望みのすべてではないものの、最低限の退学処分の取り消しはなんとか勝ち取った。

しかし、宝塚の華やかな舞台に立つという大きな大きな夢はあきらめざるをえない。それに代わる新たな夢を探すという。自分で自分の夢をこわしたんじゃない。周りから、しかも、自分の身に覚えのない事柄がSさんの夢をつんでしまった。

一方、それとは正反対に、19歳（いじめを受け、窃盗犯に仕立て上げられた当時は17歳）の女性の大きな夢をつぶした宝塚音楽学校側の代償は計り知れない。

Sさんはもちろん、ファンからブログなどで非難を浴びた96期生（生徒たちは自業自得の感がぬぐえない）、そして、多くのヅカファンが離れていったことも事実として今回の大騒動をどう捉えているのかきちんと説明ができていない。

音楽学校側が折れた形で和解となった今回の訴訟問題。

Sさん側にとっては事実上、勝訴と同じ結果となって「よかった。安堵している」と思っているのは周囲の大人たちである。

しかし、当のSさんの心境は本人から発表されたコメントからも読み取れるが、結果としては勝ったも同然だが、タカラジェンヌとして大劇場の舞台に立つという自身の夢は捨てざるを得なかったのだ。

3月1日現在で卒業証書を発行してほしいとSさん側から要求するも、学校側は、

「いま、証書はなにかに必要ですか?」

それに続けて、

「必要なときに言ってください。交付します」

と言い放ったとか。

弁護士は、

「長くなってしまった。Sさんを学校にもっと早く戻してあげられなかった」

と語った。結果として、タカラヅカの舞台に立つことができない、和解となりSさん側の訴えが認められたとはいえ、最大の願いがかなえられなかったことが残念であった、と。

25

最後まで学校はおかしかった

最後まで抵抗する音楽学校

結局、この訴訟問題は音楽学校側が折れて、和解という形で終結するのだが、最後の最後まで学校側の煮え切らない態度が引っかかる。

平成20年11月8日。音楽学校がSさんに対して退学処分の前触れとなる自宅待機を通告し、自宅に強制送還の措置をとってから1年半にわたって続いてきた訴訟。最終的に平成22年7月20日に判決が出るであろうとされていて、多くのヅカファンたちも固唾を呑んで待ちかまえていたに違いない。しかし、その約1週間前の7月14日にいきなり、

「この訴訟問題は解決し、終結しました」

と発表したならば、みな一様にガッカリするのは目にみえている。

Sさん側の弁護士は「14日に和解が成立しました」と、見守ってくれていた多くのみなさんに知らせたかった。

学校側はこのことも事前にどこからかキャッチしていて、「記者会見はするな」「本日（14日）和解予定であるということも知らせるな」と駄々をこねたという。

「それならば判決だったらいいのですか」

と反撃。

判決となれば、学校側の「発表するな」は通じない。大々的に世間に向けて記者発表をしないとすまないことぐらいの察しもつかないというのか。

普通に考えて、常識的に（なにが普通で、どれが常識的なのかわからなくなった世の中だが）考えれば、学校側が事務長なり幹部連中が出てきて会見を開き、

「（Sさんに対して）申し訳ありませんでした」

と頭を下げるのが当たり前であろう。

ひとりの少女の夢を、がんばってきた努力を、すべて無にしてしまったのだから……。

もうひとつ、往生際が悪いのが、学校側が和解調停にすることによって、それまでの裁判記録の閲覧ができなくなるものと思い込んでいたらしい。

一般の人にすべてをさらけ出したくなかったのか、はたまた、学校側の醜い失態がバレ

ルのが怖かったのか。

調停成立というときに学校側の弁護士は、

「これで裁判記録は閲覧できなくなりますよね」

と聞いたという。しかし、裁判長は、

「いいえ、いままでどおり見れますよ」

と答えた。確かに調停調書は見れないらしいが……。

「裁判所としては仮処分の決定を下したにもかかわらず、その決定を学校側がコケにしたと捉えたのか、早く判決を言い渡しかったのであろう。神戸地方裁判所が下した『仮処分の決定』が執行できないままになっているのは好ましくない。宙ぶらりんの状態のままでは一大失態でもあるから」

と、Sさん側の弁護士は語る。

そんな状況を放ってはおけない。それならば和解がもっとも好ましいものだった。

26

終結

Sさんがなにごともなく音楽学校を卒業し、歌劇団に入団すれば、間違いなくスターへの道を歩んだに違いない。

過去にスターとなったタカラジェンヌたちの素質にピタリと当てはまるものを持っていたからだ。

顔立ち、高身長、ダンスセンスは目を見張るものがあったというから、ヅカファンでなくとも残念でならない結果になったというべきだ。

Sさんが大劇場の舞台で羽ばたく、カッコイイ男役を見てみたかったというファンが多かったに違いない。

結局は音楽学校側が今回の訴訟問題をだらだらと長引かせた結果、世間から、ヅカファンから執拗な攻撃を受けた事実をどう受け止めているのか。この騒動でファンをやめてしまった者も少なくない。

そしてなによりも学校側が守ろうとした96期生をも攻撃対象となった。

「96期生は応援しない」

「96期生が初舞台を踏むのはおかしい。辞退すべきだ」

「先輩方に対して同じ舞台に立つのは失礼だ」

など、非難中傷を浴びているのが現実だ。

結局、学校側自身の保身で精一杯だった。

どこへ行った

宝塚のモットー

「清く　正しく　美しく」

おわりに

前代未聞とまで言われた今回の訴訟問題。結果的にはSさん側の要求が通った形で終結したものの、少女の夢は、最大の夢は、かなわずに終わってしまった。容姿はスターになるための素質充分のSさん。数年後に大いに期待の持てる雰囲気を醸し出していたのだが。

タカラヅカウォッチャーA氏によるSさん評として、

「学生の頃は男役のカッコをするが、中身はまだまだ女なので、歌劇団に入団して、もまれて、男役として成功するにはやはり10年はかかります」

ということだ。

たしかに、ジェンヌとして10年間男役を経験してくれれば、そろそろトップにという声がかかるこの世界。

大地真央もトップ就任に10年かかっている。しかし、現在、月組トップの霧矢大夢は入団16年目にして念願のトップ就任。宙組の新トップとなった大空祐飛などは苦節18年目でのトップ就任となった事例もあるが、彼女たちの場合は順番が悪かったという流れもあった。なかなか現役トップが退団しなかったので後任人事がスムースにいかなかったのだ。

大地真央の入団10年目のトップ就任を破った天海祐希は、入団後7年目にしてのトップ就任の記録を打ち立てているが、これは例外中の例外で今後は出ないであろう記録といわれている。

しかし、Sさんの場合は過去に男役トップに就任してきた歴代のスターたちと同じものを持ち合わせていたというほどの生徒だったとのことだ。

Sさんはバレエを10年間習っていたので、ボディバランスが抜群に良く、タップ、ジャズダンス、日舞にしても資質が二重丸ということで、しなやかさ、動きの早さ、正確さ、リズムの感覚などすべてにおいて96期生のほかの生徒たちとは比べものにならないほどの逸材だったそうだ。

そんな逸材のひとりとして順当に勝ち上がっていっていたら、と思うと残念でならない。

〝もし〟〝たら〟〝れば〟は勝負の世界では通用しないのは定説だが、本当にSさんがなんの障害もなく音楽学校卒業→歌劇団入団→初舞台→新人公演主役といった段階を踏んで行っていれば、末が楽しみだったであろう。

ただ、Sさんはあまりにも多くの違反事項が多すぎたのも消せない事実であった。学校での寮生活をする上で重要なことはきちんと規律を守っていくこと。ルールを守ることはやはり団体生活をする上で重要なことであり、これらの規律を破ればみんなと協調できなくなり、2年間だけだが、ぎこちなくなるばかりか、40数名の夢（全員で初舞台を踏む）へ向かってはいけない。

Sさんが音楽学校に入学した直後から失態を犯したのが、結局はSさん本人へのイジメへと帰ってきたのか……。

Sさんにとっても人生最大の試練か。とマイナス思考にならずにいればいいのか……。でも、そう考えるのは簡単である。だからといってみんなでひとりの人間を責め立てるのも道理ではないはずだ。

音楽学校側も、である。

日本各地から毎年、タカラジェンヌを目指し、スターになるために幼少の頃から本人の努力はもちろんのこと、その子供をサポートする両親や周りの大人たちの必死さといえば、学校側が一番理解をしているはずである。それとも、人気にあぐらをかいている業界では

「黙っていても、お客さんは来る」のだから、左うちわで涼しい顔をして、ただ、おいで、おいでをするだけなのか……

演劇ジャーナリストによると、宝塚音楽学校に所属している生徒たちに授業をしている講師や教職員たちは、教員免許を持っていない者が常駐しているという。実質的には事務方の職員たちが学校を経営しているそうだ。

この事務職員たちのほとんどは阪急阪神グループの社員が多いのが実情。

結局は音楽学校の生徒たち（今回はSさんに対して）に教育的な配慮がなされていなかったと、教育機関としては機能されていないと裁判所から忠告を受けたもの。

ことあるたびに、校長、副校長を含めた教職員たちがきちんと調査をして事実確認をし、現状を踏まえて対処していくことが教育機関の使命なのではなかろうか。

それなのに、このたびの裁判で明らかになったのは、音楽学校側はなんの調査もせずに、ただ、予科生でSさんを除くほかの生徒たちの証言やその親たちの意向をそのまま鵜呑みにして、それが正論と決めつけてことを処理していくのみに走ってしまっているだけ。

保身にまわるだけで、結局は自らの身を滅ぼしてしまい、それを露呈した形で終わった。

さて、堕ちてしまった宝塚音楽学校。信頼回復に向けて新たに浮上することがあるのか。

小林公平校長が死去し、後任に就任した岩崎文夫新体制のもと、遠く離れていった「清

く　正しく　美しく」のモットーを取りもどすことができるのか。

来年からも、黙っていても集まってくる音楽学校希望者を快く受け入れる教育機関として、宝塚歌劇団設立１００周年に向かって安心して子供を預けることができる学校として機能していくのか。

今回の裁判後を注目する。

再出発に大いに期待が寄せられる。

再生なるかタカラヅカ。

[追記] その後の顚末……

こうして前代未聞の宝塚音楽学校いじめ訴訟問題は、結果的にSさん側の要求が通ったかたちで終結した。しかし、Sさんの夢はかなわず、失われたものはあまりに大きい。

Sさんは幼い頃からバレエを10年間習っていたためボディバランスが抜群で、タップ、ジャズダンス、日舞にしても二重丸の評価であり、しなやかさ、動きの早さ、正確さ、リズム感などすべての面で96期生の生徒の中で抜きん出ていたという。

しかも目を見張るような美人である。いじめの対象にさえならなければ、あるいは学校側が彼女の声をちゃんと聞いてあげていたなら、宝塚の次代を担うスターへと成長していったことだろう。

タカラヅカはこの逸材を失ったばかりか、様々な問題を露呈させて信頼を失墜させてしまった。この訴訟問題を知り、離れていったヅカファンも少なくない。学校側が守ろうとした96期生たちもネット上で激しく糾弾され、いまだに非難の対象となっているのだ。

その後、宝塚歌劇団に96期生として首席入団したY・Aは、雪組の娘役に配属され、2011年には『ロミオとジュリエット』のジュリエット役に抜擢されたが、体調不良のため途中から休演している。いじめに関わった彼女がヒロインに選ばれたことでファンの反感を買い、バッシングに耐えられなかったのではないかといわれている。

事実、ネット掲示板では彼女を露骨に叩くスレッドが林立するくらいだった。それもまた集団で一人の人間を追い詰めるいじめに変わりはなく、あまり気分のよいものではない。

そして2014年2月9日に雪組公演の千秋楽付で退団……。一時期はSさんのことを心配し、部屋を訪れたりもしていたというから、むしろ罪悪感を感じる、まともな神経が退団を決意させたのかもしれない。

この他、今回のいじめに関わった96期生が5名退団している。その一方、文中たびたび登場している主犯格と見られるY田委員（芸名Y・K）は花組の男役として、今ものうのうと舞台に立っている。

96期生のすべてが積極的にいじめに関わったわけではないかもしれない。中にはSさんを心配していた人もいれば、Sさんに盗癖があるのだと信じ込んでしまっていた人もいるだろう。いじめ問題の複雑さとは、被害者を助けようとした人間がさらなるいじめの対象になりかねないということであり、そうした圧力をかけた主犯グループと、一緒になってSさんを追い詰めた学校運営側こそ断罪されるべきだ。

この一連の騒動はいまだに残党狩りのように事あるごとに話題にのぼる状況となっている。被害者だけでなく、加害者の生徒もそれを見過ごした学校も、誰も得をしない虚しいだけの結果が残されただけである。

AVデビューと不可解な発売中止

そして、やはり気になるのがSさんのその後である。たとえ近況が知れたとしても、できることなら傷口を広げないようそっとしておきたかったが、2013年12月、衝撃的なニュースが飛び込んできた。

驚くことに大手アダルトビデオメーカーのソフト・オン・デマンドからSさんが「高塚れな」の名でAV女優としてデビューすることが決定したというのだ。しかも、宝塚百周年にあたる2014年に合わせたかのようなタイミングである。

その紹介文には「名門音楽学校を卒業したお嬢様」とあった。もちろん宝塚音楽学校のことだが、「卒業」の2文字がなんともいえず皮肉めいている。必ずしもAV出演が悪いことだとは言わないが、ＡＶの紹介文のために裁判で卒業資格を勝ち取ったわけではないはずだ。それを思うと、やりきれない気持ちになる。

裁判後、Ｓさんは地元の岩手に戻ってひっそりと生活していたという。しかし、音楽学校入学時に地元新聞で大々的に報じられたことで有名人となっていたＳさんは、いじめ裁判によって世間の耳目を集めたことにより、街を歩いていても「あの子が……」と指を指されるような状況になっていたそうだ。

そんな息苦しい生活が嫌になり、Ｓさんは勉強を目的に上京した。友人も出来、充実した日々を送っていたが、彼女の美貌に目をとめたＡＶ制作会社にスカウトされた。

ＡＶ業界関係者によれば、Ｓさんはタカラヅカを去った後も表舞台に立ちたいと願い、「きっかけさえあれば」と考えていたそうだ。

和解調停の際に寄せられた「宝塚の舞台に代わる新たな夢を探していきたい」というＳさんのコメントが思い起こされる。

順調に進んでいれば、間違いなくスターになっていただろう（ＡＶパッケージ）

このSさんの想いに業界の男たちがつけ込み、言葉たくみに誘ったのであろう。

AVデビューの告知では「百年に一人の逸材」と銘打たれている。AVメーカーからすれば、その美貌とスタイルはもちろん、宝塚いじめ裁判の当事者という話題作りができるとあって、近年稀にみる逸材であったことはたしかだろう。

ところが、12月5日に発売予定されていたデビュー作が直前になって突然発売中止となったのだ（ヌード写真集だけは発売された）。

親バレの可能性もあるが、阪急東宝グループから圧力があったのではないかと世間では噂されている。たしかに業界最大手のAVメーカーが発売を控えるくらいだから、大きな力が動いた可能性は否めない。

ＡＶは発売中止となったが、写真集は大手出版社から発売された。上記が『高塚れな写真集　Starlight』（双葉社）表紙

なにか別のかたちで、Sさんの再起を祈るばかりだ。でなければ本当にやりきれない悲しい出来事である。

宝塚音楽学校いじめ問題と地位確認等請求事件

時系列表

年月日	主体	事項
平成20年4月17日	96期生	宝塚音楽学校入学式
4月下旬	96期生	生徒の持ち物が盗難にあう
5月3日	Sさん	Sさんの洗濯物の一部が本科生の洗濯機の中に
5月28日	A本	A本の現金がなくなる
6月15日	R丸	R丸のドライヤーがなくなる
8月21日	Sさん	OG園井恵子さん64回忌法要にSさんが学校に無許可で出席
8月29日	Sさんと学校	Sさんと学校側の第1回目の面談
8月30日	Sさんと学校	Sさんと学校側の第2回目の面談
9月13日	Sさん	予科生共用のスプレーがSさんのカバンの中に
9月16日	Sさんと学校	Sさんと学校側の第3回目の面談
9月17日	Sさん	Sさんがコンビニで万引きしたと虚偽の報告

9月18日	Sさん	授業中にSさんが連れ出され寮の部屋で写真を撮られる
9月23日	96期生	修学旅行~30日（Sさんは欠席）
10月12日	Sさん	宝塚大劇場で客の財布を拾う
10月20日	SさんとS定	S定の携帯を拾う。中身を無断で見る。着信・メールの履歴を消す
10月下旬	Sさん	図書室の本を無記名で借り、それも盗んだとされる
11月8日	音楽学校	Sさんを自宅待機通告及び強制送還措置
11月18日	音楽学校	自主退学の勧告
11月22日	音楽学校	第1次退学処分通知書送付
12月5日	Sさん	第1次地位保全仮処分命令申立
平成21年1月6日	神戸地裁	第1次仮処分決定「Sさんの地位を認める」
1月17日	音楽学校	第2次退学処分通知書送付
1月21日	Sさん	第2次地位保全等仮処分命令申立

年月日	主体	事項
1月23日	音楽学校	第1次仮処分決定に対する保全取消申立
1月29日	**神戸地裁**	**第2次仮処分決定「Sさんの地位、授業を受けることの拒絶禁止」**
2月2日	音楽学校	第2次仮処分決定に対する保全異議申立
2月7日	Sさん	母親同伴で登校するも学校側は入門拒絶
2月10日	**Sさん**	**間接強制申立**
3月11日	**神戸地裁**	**間接強制認容決定「登校拒絶をすると1日につき1万円払え」**
3月17日	音楽学校	間接強制決定に対する執行抗告申立
3月31日	**神戸地裁**	**第2次仮処分決定の認可決定**
3月31日	神戸地裁	第1次仮処分決定の取消決定
4月14日	大阪高裁	間接強制に対する執行抗告棄却決定
4月15日	音楽学校	第2次仮処分認可決定に対する保全抗告申立

4月20日	音楽学校	間接強制決定に対する執行抗告事件の決定に対する許可抗告の申立
5月13日	**大阪高裁**	**間接強制決定に対する執行抗告事件の決定に対する許可抗告の申立を許可しない決定**
6月5日	大阪高裁	第2次仮処分認可決定に対する保全抗告審尋①大阪高裁は和解勧告
6月23日	大阪高裁	第2次仮処分認可決定に対する保全抗告審尋②音楽学校は大阪高裁和解勧告案拒絶
7月2日	**大阪高裁**	**第2次仮処分認可決定に対する保全抗告の棄却決定（第2次仮処分決定確定）**
10月1日	神戸地裁	音楽学校の申立による起訴命令決定（1ヶ月以内に本案の訴えを提起せよ）
11月1日	Sさん	神戸地裁に生徒であることの権利を有する地位確認等請求訴状を郵送提出
11月2日	**神戸地裁**	**訴状受理**
12月25日	Wさん	Wさん、ブログ問題で自主退学
平成22年3月18日	神戸地裁	証人尋問（被告側7名）

年月日	主体	事項
4月1日	神戸地裁	証人尋問（被告側6名）
4月2日	神戸地裁	本人尋問・証人尋問　弁論終結
7月14日	**神戸地裁**	**調停期日　和解へ**

〔著者紹介〕
山下教介（やました・きょうすけ）

フォトライター。

1964年大阪生まれ。写真専門学校卒業後、2年余り放浪し、大阪の某夕刊紙写真部入部。報道カメラマンとして活動する。当時、関西では暴力団抗争が激しく、未知の世界ながらも抗争事件現場にての取材に没頭する。人間関係のしがらみを垣間見て、人物撮影を中心に活動。スポーツ、芸能、事件ものなどジャンルを問わず人間模様を切り取っていく。フリー後は週刊誌を中心に活動。舞台撮影（大衆演劇、演芸、ライブなど）をライフワークとし現在に至る。

◎本書は、2010年に小社より刊行した『ドキュメント　タカラヅカいじめ裁判』をそのまま復刻し、『タカラヅカ　スキャンダルの中の百周年』（2014年）の中の一部を巻末に「付記」として入れたものです。

［復刻新版］ドキュメント　タカラヅカいじめ裁判

2023年11月20日初版第1刷発行

著　者──山下教介
発行者──松岡利康
発行所──株式会社鹿砦社（ろくさいしゃ）
●本社／関西編集室
兵庫県西宮市甲子園八番町2－1　ヨシダビル301号　〒663-8178
Tel. 0798-49-5302　Fax.0798-49-5309
●東京編集室
東京都千代田区神田三崎町3丁目3-3　太陽ビル701号　〒101-0061
Tel. 03-3238-7530　Fax.03-6231-5566
URL　http://www.rokusaisha.com/
E-mail　販売部○ sales@rokusaisha.com
編集部○ editorial@rokusaisha.com

印 刷 所 ──吉原印刷株式会社
製 本 所 ──株式会社鶴亀製本
装丁・デザイン──Snowin

Printed in Japan　ISBN978-4-8463-1535-1　C0095
落丁、乱丁はお取り替えいたします。お手数ですが、弊社までご連絡ください。

Ｂｏｓｓ
一匹狼マネージャー 50年の闘い

上條英男＝著
四六判、カバー装、160ページ　定価1222円（税込）

西城秀樹、舘ひろし、ジョー山中、ゴールデン・ハーフ、吉沢京子ら数多くのスターを見出し育てた「伝説のマネージャー」だけが知る日本の芸能界。主な内容：西城秀樹との１０００日間、傷だらけの半生記、ボスと呼ばれて、一匹狼の闘い、ドンと呼ばれた男たち。内田裕也推薦!!

好評発売中!!

芸能界薬物汚染
その恐るべき実態

鹿砦社薬物問題研究会＝編著
Ｂ６判、カバー装、212ページ　定価1320円（税込）

とどまることなく繰り返される芸能人の薬物事件――最近の事例を列挙し、芸能界の薬物汚染の深刻さを追及！主な内容：トップスターの転落、薬物汚染　お騒がせの主役たち、女たちの薬物事件、ミュージシャンの薬物事件、斜陽タレントの薬物事件　など。

好評発売中!!

昭和の女優
官能・エロ映画の時代

大高宏雄＝著
協力＝日活、大映、松竹、東宝、新東宝、東映
A5判、総ページ232ページ（本文224ページ+グラビア8ページ）
定価1870円（税込）

官能・エロ映画全盛の昭和の代表作に解説！

歴史的にも貴重な作品群が懐かしい画像と共に甦る！

色とりどりの女優たちがエロスで彩る昭和映画史！

寺脇 研（映画評論家）

第一章
君は新東宝を観たか
第二章
一九六四年――邦画性革命の時代
第三章
今村、大島経て、増村爆発
あとがきに代えて
――三原葉子、新東宝への追慕――

好評発売中!!

【復刻新版】
仁義なき映画列伝

大高宏雄＝著 協力＝東映
A5判、総ページ252ページ（本文244ページ・カラーグラビア8ページ）
定価1925円（税込）

追悼　高倉健さん　菅原文太さん

「死んで貰います」「弾はまだ残っとるがよ」

1960年代から70年代にかけて日本を席巻した東映任侠・ヤクザ映画の黄金期、その魅力を多数の写真と共に「『仁義なき戦い』以前」と「『仁義なき戦い』以後」の「映画100選」で徹底論評！

著者自身が「深作作品へのオマージュの書でもある」と語る本著には、故・深作欣二監督の生前時独占インタビューも収録。

復刻新版にあたって、高倉健さん、菅原文太さんへの書き下ろし追悼文を収録し、緊急出版！

好評発売中!!

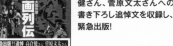